社会主义核心价值体系建设
"双百"出版工程

项 目

/ 100 位
新中国成立以来感动中国人物/

丁 晓 兵

文 炜/著

吉林文史出版社

《100位新中国成立以来感动中国人物》丛书

★★★★★

编 委 会

前　言

　　每个人的心中都多少有一点英雄情结，都向往英雄、景仰英雄。也正因此，在中华人民共和国建国六十周年之际，由中央十一部委联合组织开展的"100位为新中国成立作出突出贡献的英雄模范人物和100位新中国成立以来感动中国人物"的评选活动中，群众参与投票总数近一亿。这其中的每一张选票，都表达了人们对英雄模范的崇敬之情，寄托着对伟大祖国的美好祝福。

　　一个民族不能没有英雄，否则这个民族就不会强大。当国家危难之时，懦弱者选择了逃避、妥协甚至投降，英雄们却挺身而出，用热血捍卫民族的尊严，人民的幸福。在创立和建设新中国的伟大历程中，涌现出无数可歌可泣的英雄模范人物。他们之中，有为了民族独立和人民解放而英勇牺牲的革命先烈，有为了党和人民的事业而不懈奋斗的优秀共产党员，有在全民族抗战中顽强奋战、为国捐躯的爱国将士，有英勇杀敌的战斗英雄和革命群众，有积极从事进步活动的著名民主爱国人士和国际友人……他们是民族的脊梁、祖国的骄傲，是激励全体人民团结奋斗的精神力量。

　　《100位新中国成立以来感动中国人物》丛书，就像一部星光璀璨的英雄谱，真实、完整地记录了英雄模范人物不平凡的一生，再现了他们非凡的人格魅力和精神世界。舍身堵枪眼的黄继光，拼命也要拿下大油田的王进喜，中国原子弹之父邓稼先，新时期领导干部的楷模孔繁森……一串串闪光的名字，一个个动人的故事，犹如群星闪烁，光耀中华。

　　当今中国正处于伟大变革的时代，迫切需要涌现出一大批勇于承担历史使命、为祖国和人民奉献一切的先进人物。在"双百"人物崇高精神的引领下，在建设社会主义现代化国家的征程中，必将英雄辈出。

生平简介

　　丁晓兵（1965—　　），男，汉族，安徽合肥人，中共党员。

　　丁晓兵是一位躬身践行党的创新理论的时代楷模。1983年入伍，历任战士、排长、指导员、干事、教导员、政治处主任、团政委、师副政委等职。2009年，任武警8730部队政治委员。1984年，在一次重大军事行动中失去右臂，荣立一等战功。1985年，介绍他事迹的长篇通讯在全国各大媒体刊发后，他的英雄事迹强烈地震撼了"中国心"，感动了中国，荣获共青团中央为他特设的第101枚"全国边陲优秀儿女"金质奖章，被誉予"独臂英雄"。二十多年来，他永葆"战时忘死，平时忘我"的英雄本色，不要组织照顾，坚持在基层摔打锤炼，不断挑战极限，把无数个常人眼中的"不可能"变成了事实，把对党的忠诚、对祖国的热爱、对部队的责任付诸每一个举动，被誉为"中国的保尔·柯察金"，先后被评为"2006年度感动中国人物"、"全军优秀共产党员"、"全国自强模范"、"全国优秀共产党员"，荣获"中国青年五四奖章"，荣膺"中国武警十大忠诚卫士"、"100位新中国成立后为国防和军队建设做出贡献、具有重大影响的先进模范人物"、"100位新中国成立以来感动中国人物"，国务院、中央军委授予他"保持英雄本色的忠诚卫士"荣誉称号。

◄丁晓兵

目录 MULU

折翅也飞翔（代序）

　　他，自幼争强好胜、尚武好斗。11 岁，拜民间神秘高手为师；17 岁，收徒弟 300 余人，被众徒尊为"老大"；18 岁，参军入伍，成为新兵团"最牛新兵"；19 岁，作为最优秀的勇士，被派上战场。

　　在一次秘密军事行动中，他失去了右臂。一夜之间，幸运女神关闭了曾对他大敞的所有门窗。

　　他在战场上英勇顽强的故事感动了全国人民，他得到了团中央特别授予的第"101"枚金质奖章，于是，他一战成名，成为 80 年代中国青年人的楷模。

　　但是，他的人生却面临着重大危机。失去右臂意味着他将失去钟爱的职业、狂热的梦想，意味着本该骄傲灿烂的人生将被彻底颠覆。

　　没有人再看好他，甚至包括他自己。

　　经历了人生中"最黑暗的夜晚"后，他汲取了涅槃的神力，拖着一条胳膊继续前行。

　　渐渐地，所有人忘记了他身为残疾的事实。

　　战争的硝烟早已散尽，一个曾经著名的战斗英雄的和平岁月是难熬的，一个曾经著名的残疾战斗英雄的和平岁月尤其难熬。

　　他跟自己较劲，跟人生较劲，一较就是二十多年。

　　在这二十多年里，他给自己规定的人生动作只有两个：战时忘死，平时忘我。他给自己规定的人生标准只有一个：要比有两只手的人做得更好。

　　于是，他奇迹般地把官越做越大，远离战争，他的名气却越来越大，他成为 70 后、80 后、甚至 90 后的励志楷模，他创造了只属于他的人生范本，他的神话不可复制。

他似乎是一块魔方，他的性格有无限组合的可能。

他以刚柔并济的手段猎取心爱的女人；

他以慈父兄长之心爱护部属；

他以不近情理之态对待家人。

他是英雄、是名人，他头上的光环几乎光芒万丈。但，他也是一个普通的男人，拥有一切普通男人的喜怒哀乐。他骄傲过、清高过，甚至蛮横过、自以为是过……

但，不管怎样，他的人生异彩纷呈。

他，就是独臂英雄——丁晓兵。

一位叫你叹为观止的励志达人！

一位叫你钦慕不已的成功男人！

丁晓兵身上至今还有二十多块弹片。二十多年来，他先后数十次参加抗洪抢险、扑救山火、亚运安保等急难险重任务。在和平环境中，在市场经济条件下，丁晓兵抵御住了各种诱惑，经受住了名利的考验。他常说的一句话就是："不能缺了胳膊再缺人格。"他被评为"中国武警十大忠诚卫士"，被国务院、中央军委授予"保持英雄本色的忠诚卫士"荣誉称号；2007年，当选党的十七大代表；2008年，当选十一届全国人大代表；2009年，当选"100位新中国成立后为国防和军队建设作出贡献、具有重大影响的先进模范人物"和全国"100位新中国成立以来感动中国人物"。

他仿佛是一根翠竹，有骨有节，顶天立地。他在物质上虽然并不富有，却拥有无限的精神财富，而这是金钱所无法换取和衡量的。他也因此活得执著，活得真实，活得坦然，活得多姿多彩。他的肢体残疾了，但他的党性、人格是完整的，灵魂是高尚健康的。正如他当选2006年感动中国人物时"感动印象"所说的那样：这个用左手敬军礼的人，我们以他为骄傲。战时敢舍身，平时能忘我，从逆境中挣扎起程，在顺境中保持清醒。沙场带兵敢称无愧无悔，把守国门能说有骨有节。他像一把号角，让理想与激动，在士兵心中蔓延。

一条臂膀，也能撑起血染的军旗，他是真的勇士！

梦想起航

英雄，总不问出处 / 那片并不很富裕的土地 / 赐予他的 / 同样是简单的幸福 / 纯粹的快乐 / 自由的精神 / 英雄的梦想 / 起航时，平静如水

→ 闲话童年

丁晓兵出生在一个军人世家，爷爷参加过抗美援朝，父亲经历过抗美援越，虽然他们在战场上很勇敢，但没碰上成为英雄的机会。他们很喜欢给丁晓兵讲英雄的故事，可以说，丁晓兵是听着英雄的故事长大的，英雄的种子深深地埋进了他幼小的心灵，只等时机成熟，就能生根发芽，开花结果。

幸福的童年都是一样的，英雄的童年同样有着英雄的梦想。

父亲在浙江金华当兵，很少回家，在丁晓兵眼里，父亲是一个遥远的梦，那个梦的影子是墙上的一张军装照，妈妈告诉他，那照片上的人就是爸爸，他是解放军。

"妈妈，什么是解放军？解放军是相片吗？"

"解放军就是上前线打坏人的好人。"妈妈的解释通俗易懂。

"妈妈，什么是坏人？"

"日本鬼子是坏人，美国鬼子是坏人。"

"妈妈，我长大了也要当解放军，也要上前线打坏人。"丁晓兵小脸上流露出对未来的憧憬和坚定。

丁晓兵的母亲沈成英是一位普通的农村妇女，不识字，却是影响丁晓兵最深的人，对丁晓兵早年性格的形成起着至关重要的作用。母亲很好强，丁晓兵小时很顽皮，每次在和小朋友打完架回来，不管谁有理，她总是要拧着儿子的耳朵到对方家去道歉。回到家，要是打赢了，会煮上一个鸡蛋，打输了，免不了再挨上一顿打。这种教育方式，养成了丁晓兵不认输的性格。

丁晓兵 7 岁那年，好强的沈成英准备建新房。那个时候，村里普遍穷，清一色的土房。沈成英带着两个小孩要建砖瓦房，一些人觉得沈成英这个决定很疯狂，有的人准备看她的笑话。在她的一手操劳下，一栋一砖到顶、青瓦盖顶的新房真的建了起来，沈成英因为操劳过度，还曾晕倒过。虽然以后过了好几年还债的苦日子，但用丁母的话说：不蒸馒头我争口气。丁母虽性子要强，但人缘很好，家里有什么好吃的总会送些给邻居们尝尝，谁家里发生了纠纷，不论辈分高低，都会请她去调解。

丁晓兵有位远房叔爷丁厚德，在"文革"时每天挨批斗。三伏天里，造反派命令他在棉花地里干活，还有人拿枪在一边守着，干一天，连水都不给喝。谁也不敢接近他，沈成英却让丁晓兵送西瓜给丁厚德吃。跟丁晓兵说："有错误让人家改嘛，咋能这样整人呢？去送，咱家成分好，不怕。"

沈成英对小孩要求极严，家里来了客人，小孩不准上桌，只能端个碗在厨房里吃。沈成英的好强、善良、隐忍、克制，深深地影响了丁晓兵。

丁晓兵的爷爷和父亲没有成为大英雄，可他们的从军经历毫无问题地影响了丁晓兵。特别是丁晓兵去过父亲的部队后，对拿着枪站岗的战士们十分羡慕。因为没钱买玩具枪，自己用泥巴做土手枪，整天别在腰间，在别的小朋友面前晃悠，关系好的，才给摸一下。丁晓兵最喜欢的游戏是扮小兵张嘎，最喜欢看的书是《林海雪原》《英雄儿女》和《西游记》，最喜欢的电影是《奇袭白虎团》《地雷战》《地道战》，对小兵张嘎崇拜得更是五体投地。看完电影，晚上睡觉准梦见自己在打仗。有一回，没睡醒就被叫去上学，路上还在使劲回忆梦里的每一个细节，生气没打倒敌人，就这么迷迷糊糊竟撞到了电线杆上。

丁晓兵家乡水塘多，一个小小的村子有十多眼水塘。丁晓兵爱玩水，趁母亲不备，就偷偷地下水。沈成英生怕丁晓兵溺水，把他拴在家里的八仙桌桌腿上，但丁晓兵总有办法逃脱。没办法，沈成英吓唬丁晓兵说，河塘里有一种水怪叫"水猴子"，专门吃小孩，一天能跳七七四十九个池塘，小孩子千万不能下水。丁晓兵听了，反而更是兴奋，一直琢磨着捉水鬼。他为此拆了父亲的一件毛衣，编了一个网兜，天天潜伏在池塘边，等待水鬼。没想到"水猴子"没抓住，丁晓兵一不小心栽进了水塘，怎么也折腾不起来，在快淹死的时候，一个"四类分子"到水塘抓鱼，发现了溺水的丁晓兵，把他捞了起来。倒出丁晓兵喝进的水后，那人就悄悄地走了。后来丁晓兵一直带着感恩的心生活，有一部分缘于此。

丁晓兵小时候很忌讳别人摸他的头，理发是个大难事。有一回母亲带他去浙江金华探望父亲，临走时带他去理发，他哭闹着不肯，父母以为他耍无赖，硬让理，没想到理到三分之一，丁晓兵竟哭昏了过去，小脸苍白，没了声息，吓得理发师丢下推子就跑了。回老家时，转车上海，母亲又带着他去理，理了三分之一，他大哭大叫，又吓跑了一个理发师。丁晓兵就这样顶着一个"阴阳头"回到安徽老家。最后的三分之一头发，还是村里的理头匠趁丁晓兵睡熟时剃掉的。理头匠摸着丁晓兵的小光头，说了一句话："没见过这么倔的娃，三岁看到老，娃将来长大了，把倔劲儿用到正道上，没有整不成的事。"

➡ 初识军人

★★★★★

丁晓兵一直想成为解放军。父亲丁永年有一枚军功章，丁晓兵一直企图把它别在自己胸前。可母亲宝贝得不行，看得很紧，经常把它擦得一尘不染。但还是让丁晓兵逮到了机会，别在胸前在小朋友面前好好炫耀了几回。终于有一天，那枚军功章被丁晓兵弄丢了，也因此被母亲狠狠教训了一顿。

那回暴揍更加深了丁晓兵对军人的神往，更痴迷于有关军人的一切，常常把自己扮成"小兵"模样，戴一顶军帽，扎一条腰带，别一把泥制手枪，仰着脑袋在村里走来走去，他觉得自己像极了军人。直到 7 岁那年，丁晓兵真正见识了军人的与众不同。

那是刚收完稻子。稻草秆捆好，在打谷场堆成一个个大草垛。孩子们在草垛间疯玩，丁晓兵的弟弟很淘气，有一回，偷偷把一个草垛点燃了。那天偏巧有风，火借风势，立刻火光冲天，浓烟滚滚，孩子们都吓傻了。村民都赶来救火，但火势很猛，一下就连成了片，无法控制，眼看就要烧到村子里。驻扎在附近的一个解放军独立营，很快赶来帮村里救火。

解放军就像是铁人，风一般地向大火碾了过去。那英勇无畏的姿势，在丁晓兵脑海里留下了极为深刻的印象，丁晓兵对那火势记得很清楚，就是几十年后，他都记得，火苗子呼呼扑面而来，

▷ 少年练武

站在几十米外脸还烫得生疼，可解放军们硬是冲了过去。

　　大火前前后后烧了两个钟头才被扑灭，解放军们也不休息，又四处检查现场，确定没有危险后，有位军官模样的军人吹响了集合哨。村民对解放军十分感谢，村长拉住那军官模样的军人，生拉硬拽地请他们到村里坐坐，那军人坚决不肯，只说部队有事，要立刻返回。村长又张罗女人们火速从家里端来吃的喝的，请他们好歹吃点喝点，他们依旧拒绝，说是有纪律。他们集合时，好奇的丁晓兵发现，虽然解放军们头发焦卷着，身上满是草木灰，满脸乌黑，有的手上还起了泡，疼得颤抖着，身子却站得笔直。那一刻，丁晓兵见识了解放军的威武、军装的神奇，穿上军装，就不怕痛了，不管多平常的一个，只要穿上了军装就帅不可言，仿佛是魔法师的斗篷，能让瘦弱者强壮，肥胖者精干，苍老者年轻，毛头小伙子庄重。

　　也就是在那个时候，丁晓兵想不出还有比军人这个职业更牛更适合他的了。

→ 英雄少年

★★★★★

　　1976 年，河北唐山发生大地震，一夜之间，唐山成了废墟，二十多万人遭受灭顶之灾。家家都盖防震棚，丁晓兵家里也搭建了一间简易防震棚。大地震没有震到安徽，丁晓兵却遇到了他的第一位老师。

　　那是一对逃荒的母子，十分落魄，好心的沈成英把自己的地震棚借住给了他们。

一个月朗星稀的夜晚，丁晓兵听到院子里传来一阵奇怪的声音。趴在窗户一看，原来是借住的叔叔在练武，拳脚之间，风声飒然，把丁晓兵看得目瞪口呆，羡慕不已。特别是后来，叔叔表演的鹰爪功，毫不费力就从树上抓下了一块老树皮，丁晓兵更是铁下了练武的心。每天五点半起床，练习各类拳术兵器，每天都打千层纸，墙都打出了洞，但丁晓兵一直咬着牙坚持了下来。七年时间，丁晓兵不但练出了一身功夫，还练出了副好身板。习武的好处是绵长而深刻的，经长期坚持习武，他不仅拥有了强健的体魄，而且拥有了忍耐和坚韧的性格，时间将证明这些东西对他是多么至关重要。

丁晓兵学武的悟性很高，他8岁练武，17岁那年成为了合肥市第一批武术协会会员，被聘为"长拳辅导站"的武术教练。

后来，丁晓兵一直感谢把他带入武术殿堂的叔叔与奶奶，如果没有练武造就的一副好身板，他也许早就牺牲在了战场上。

80年代，随着电影《少林寺》风靡全国，使原本只有少数人感兴趣，突然成为全国青少年的共同爱好，武术成为半大小子们解决世间一切难题的终极手段。一股强劲的习武潮在全国各地铺天盖地地掀起。一向冷清的"武协"突然之间变得门庭若市，每天都挤满了报名习武的少男少女。丁晓兵带的徒弟就有百人之众。这段当师傅的经历，使丁晓兵的组织管理能力得到很大锻炼，生平第一次有了强烈的责任感，为能服众，要求弟子们做到的，丁晓兵一定率先做到。开始时丁晓兵是逼着自己这么做，时间一长，便成为一种习惯，这间接地帮助丁晓兵完善了个人道德修养。

丁晓兵传武授艺，不仅重视武艺的传授，也重视道德的教诲。他要求徒弟们不恃强凌弱，不欺行霸市，不祸害百姓，不随便动手打人……

但还是有人犯了丁晓兵的"戒条"。一天，一位弟子兴冲冲地提着一只鸡来孝敬丁晓兵，这位徒弟平时与丁晓兵关系很好。丁晓兵当即追问鸡是哪来的。徒弟兴奋地说气枪打的，并吹嘘了一番自己的枪法。丁晓兵又问哪里打的。徒弟说是林子里，是山鸡。丁晓兵说："这是山鸡吗? 你以为我是傻蛋啊!"徒弟自知理亏，不再狡辩，承认打的是老百姓家里的。本想讨师傅欢心，没承想讨来了麻烦。丁晓兵当场把气枪给折了，并把他开除了。从那以后，再也没人敢做类似的事了。

有着一身好武艺的丁晓兵，希望有一天成为英雄，路见不平一声吼。一个盛夏的夜晚，丁晓兵骑着自行车去公园练功。那里也是青年谈情说爱的好地方，一路上，时常能看到搭肩挽臂的男女在爱河里徜徉。丁晓兵路过一片小树林时，林子里突然传出年轻女子的呼救声。

丁晓兵一头钻进小树林，循声找去，只见三个长头发的小青年，正企图欺负一位少女。丁晓兵一声断喝，就冲了上去，以一敌三，把三个歹徒打得落荒而逃，虽然自己软组织有好几处受伤，但听着姑娘喊的一嗓子："英雄，谢谢你……"丁晓兵觉得快活极了。

17 岁的丁晓兵，第一次找到了当英雄的感觉。

→ 好男当兵

★★★★★

1983 年，丁晓兵 18 岁。

迷醉舞枪弄棒、考大学无望的丁晓兵被招进合肥钢铁厂成了一名工人。虽然他并不喜欢这个职业，但手脚勤快的丁晓兵还是很讨师傅们喜欢，预言他迟早会成为一名八级钳工。

丁晓兵在这个行当里找不到感觉，过于平静的生活让他几乎绝望。业余时间，他依旧带着徒弟们习武，渴望有什么惊天动地的事情发生。

一天，百无聊赖的丁晓兵带着徒弟走在大街上，老远听见锣鼓喧天，广播震天响，整个气氛很浓。一年一度的征兵工作开始了！

当兵去！丁晓兵满腔的热血在沸腾，儿时的梦想重现，他一下子找到了自己应该去做的事。

不少人劝丁晓兵不要头脑发热，在钢铁厂当工人，又是武术教练，在其他人眼里看来，也是相当不错的。当兵很辛苦，半夜三更要上哨，几年后回来，还不是要找工作要进厂，到那时，评技术级定工资级比别人晚了，功夫也荒废了。况且，前方正在打仗，

◁ 1983年在新兵连时站岗

这年头去当兵，不知什么时候就"光荣"了。

打仗！？丁晓兵眼前一亮，身上的血一下加快了流速。真是正想睡觉，就有人递枕头啊。

丁晓兵喜欢的是军装，崇拜的是军人，不怕的是打仗。他报名参军了。

父母没有反对，对丁晓兵的选择，他们一致表示了支持。

第一次穿上军装，虽然没有领花肩章，但丁晓兵觉得生活的一切都是新的，觉得路人看他的眼神里都是崇拜。

丁晓兵恨不得地球人都知道他成了解放军，每天故意在人多的地方出没，享受着那种被注视的感觉。特别是有一次，他在人潮如涌的商场，身穿军装抓获了一男一女两名小偷的时候，看着周围的群众向他竖起大拇指，丁晓兵心里幸福极了。当警察握着他的手说感谢解放军同志时，丁晓兵还敬了一个不标准的军礼，那种自豪和骄傲，丁晓兵至今历历在目。

盼望的日子总是姗姗来迟。终于要离开家了，火车站弥漫着离别的伤感，但在丁晓兵的心中，豪迈热烈竟占了上风，广播里响着当时最流行最煽情的歌：

再见吧，妈妈

再见吧，妈妈

军号已吹响

钢枪已擦亮

行装已背好

部队要出发

你不要悄悄地流泪

你不要为儿牵挂

当我从战场上凯旋归来

再来看望亲爱的妈妈……

丁晓兵看着父母的身影越来越小，眼角终于湿润了。年轻的丁晓兵以为外面的世界只有鲜花和精彩，老天为他准备了多少可怕的经历和磨难，他完全不知道，完全没有准备。伴随着一路军歌嘹亮，他真正的人生故事悄悄开始了。

生命的涅槃

当隆隆的战车奔到眼前时 / 当敌人近得可以看清那黑亮的枪口时 / 当若即若离的死神就在身边时 / 在那个瞬间 / 英雄出现了 / 生命, 开始另一次涅槃

➡ 牛气的新兵

★★★★★

军列在城市边打了个转，拐进了山沟沟，丁晓兵的新兵生活开始了。

当过兵的人都知道新兵连的辛苦，每一名新兵都要经过一段艰苦磨炼的日子，百炼才能成钢。队列、体能、紧急集合，没有一刻消停。很多人受不了这苦，有的开始后悔来当兵，有的泡病号，甚至有的当了逃兵。

丁晓兵有武术打底子，优势十分明显，在几乎所有新兵觉得苦不堪言的时候，丁晓兵反倒觉得还"苦"得不过瘾，每回正常训练后，他一个人留在训练场练功夫，别人睡觉后，他也要给自己加一回"小灶"。

凭着过硬的身体素质，丁晓兵当仁不让地夺得了新兵团军训第一的好成绩，凭着在新兵团的高人气，丁晓兵成为第一个被任命为副班长的新兵。

有了这平生第一个官衔，他骄傲地给父亲写了一封家信："爸，你当了那么多年兵，才熬了个班长，我当兵才一个月，就当上副班长了，我觉得我是块当兵的料，这一步算是走对了，你就等着我的好消息吧……"

三个月后，新训结束，新兵们即将下连，各连来挑兵。大家都听说有个叫丁晓兵的新兵素质非常好，都想要他，包括警卫连、机关都向他伸出了橄榄枝。但丁晓兵不为所动。

他的目标是侦察连，当初在来部队的军列上，他就跟带兵干部提出过当侦察兵的愿望。新兵连所有的努力，也是冲着这一目标去的。侦察连终于来人了，丁晓兵兴冲冲跑去报名，没想到侦察连的挑兵干部也牛气，说这一千多新兵里，他们只挑三个，行不行，考核说了算。丁晓兵十分高兴，他最不怕的就是考核，最担心的是不考核。

是骡子是马，上场溜溜就知道了。考场上，射击、擒拿、格斗、体能……一串考核下来，丁晓兵一路领先，看得侦察连的干部也一直在感叹："好苗子，好苗子啊！"

丁晓兵如愿以偿地进了梦寐以求的侦察连。

侦察连的训练是出了名的苦。匍匐、攀登、游泳、射击、爆破、驾驶、野外生存……这都是侦察兵的必备素质。要想成为一名合

▷ 当上侦察兵

格的侦察兵并不容易，要经过高难度、超极限、魔鬼式的训练，训练强度和难度要比新兵训练大得多、苦得多。但再苦再累，丁晓兵都咬着牙坚持下来。他的投弹成绩一直不理想，就拼命练。有一次，连人带弹扔了出去，身上被小石子划破了好几个地方，鲜血直流，正好被连长看到，连长把连队集合起来，当场表扬了他，让丁晓兵觉得特别神气。

凭着这股拼命的劲头，丁晓兵的侦察兵特殊训练成绩在连队名列前茅，八门课程，七门优秀一门良好，受到了领导的表扬，获得了当兵后的第一个荣誉——嘉奖。但丁晓兵自己对这一结果并不满意，他想要的是全优。

丁晓兵把这一好消息第一时间告诉了父母，然后又兴奋地去看望分在炊事班、公务班和警卫连的几位新兵团战友，和大家分享了他获得的成绩。在大家的祝贺和羡慕声中，丁晓兵向战友们夸下了海口："我丁晓兵来当兵就是奔侦察兵，就是奔打仗来的，下次再弄个功给大家瞧瞧。"

没想到一语成谶，在战友们眼里有点"牛气"的丁晓兵，真的立了大功。

→ 终于上了前线

★★★★★

1984 年，丁晓兵 19 周岁。

南疆的局势异常紧张，战争的阴云牵动着每一个中国人。成为军人后的丁晓兵虽然希望和平，不再渴望战争，但作为

△ 与战友在云南省者阴山前线留影

军人，在战争爆发时，还是希望自己能第一时间冲上战场，保家卫国。

一个深夜，紧急集合哨声又一次响起。对于侦察兵来说，夜间训练本是家常便饭。但这一次，丁晓兵敏锐地感到了不同往常，他觉得一定有什么大事要发生。他动作格外利索，第一个冲到了集合地。

集合后，连长并没有和往常一样下达训练课目，而是出人意料地进行晚点名，而且只点了十个名字。

其中有丁晓兵。

今天到底要干什么? 点兵场上严肃而紧张。

就在这个深夜，丁晓兵和他的战友们爬上了一列闷罐车。他们不知道将被送往何方，只知道是去执行一项光荣而特殊的作战任务，正向着军人的职责和荣誉进发。

经过两天两夜的奔驰，火车停在了南国一个不知名的小站。远处，隆隆的炮声隐隐传来，不远处的公路上，是一眼望不到头的伪装过的军用卡车。

到前线了。

从后方到前线，从平原到高原，参战部队要进行适应性训练，训练科目有爬山、潜伏、捕俘、战地救护、山地生存。一连两个月，前线战事频频，丁晓兵和他的战友们除了紧张的实战训练，就是忙碌战前的准备，检修车辆，调试电台，擦拭武器，准备担架，发放战时特需物资……一切在战前特殊的沉闷里有条不紊地展开。一张张严肃而紧张的面孔流露出复杂而不可捉摸的神情。

战争究竟是什么模样？小说和电影里描述的，终究是文艺作品，而今天，战争真的逼到了眼前，一切真实而残酷，打仗是流血牺牲的代名词。前线战事频传，身边的战友不断出征。有的人回来了，立了功受了奖。有的人回来了，丢了胳膊断了腿，住进了医院。还有的再也没有回来……

战争像一个青面獠牙的厉鬼，面目狰狞。这一切，让丁晓兵心里既压抑又充满了躁动。他不止一次问老兵班长："什么时候才能轮到我们挂光荣弹？"班长也只能和他一样眼巴巴地候命。

挂光荣弹出征是他们连的传统，表示勇敢赴死的决心。

面对残酷的战争，只有真正的勇士，才有那种沙场裹革的壮烈情怀和向往。

→ 第一次执行任务

★★★★★

1984 年 10 月的一天，丁晓兵刚满 19 岁。这一天，正好是丁晓兵入伍一周年。

丁晓兵期盼很久的任务悄无声息地来了，没有半点轰轰烈烈。

侦察连接受了一项作战任务，去前线"抓特工"，丁晓兵满怀激情地向党支部递交了请战书。他没想到他的请战书遭到了老兵们的无情"嘲弄"：一个新兵蛋子，连党员都不是，也来抢任务，真是自不量力，太高估自己了吧！

丁晓兵被激怒了，把请战书翻过来铺在桌子上，用匕首扎破手指，郑重地写了一封血书：

我坚决要求参加战斗，打头阵，当尖兵，请组织在战火中考验我！

丁晓兵用血性赢得了侦察大队和连队领导的信任。战争时期，部队需要的正是这种一往无前、舍生忘死的牺牲精神。考虑到丁晓兵有武功，身段灵活，连队同意了他的参战请求。他成为第一个被批准上战场的新兵。

凡是去前线执行作战任务的战士，出征前都会写一封"遗书"。人活着，却要去感受死亡，这是一种精神折磨，也是一种历练。

一位烈士在他的遗嘱里写道：如果我牺牲了，就不能帮

◁ 战前练武

父母种田了，就请乡里给我家一头耕牛吧。

另一名烈士在他的遗嘱里写道：如果我真的回不来了，请战友们帮个忙，把我的衣物和被子寄回老家，家里人过冬还没有棉衣和棉被……

在这些淡然的文字里，丁晓兵读到的是一种责任。至今，想起那些遗书，他依然热泪盈眶。

丁晓兵早就准备好了他的遗书：

> 亲爱的爸爸、妈妈，儿子就要上战场了，打仗总是要死人的，我们每个人都有这样的思想准备。在前线，我们忌讳这个"死"字，"光荣"是死亡的代名词。如果我真的"光荣"了，你们不要为儿难过。儿子不会当孬种，站着回来是你们的骄傲，躺着回来是你们的光荣。

遗书上交后，接下来要喝"壮行酒"。

阴暗潮湿的猫耳洞里，一支蜡烛静静地燃烧着，烛光照着一张张绷紧的面孔。没有豪言壮语，一切都在无言的沉默中进行。

哗啦，哗啦，倒酒的声音。

咕嘟，咕嘟，喝酒的声音。

乒乒，啪啪，摔酒瓶的声音。

酒精浓度在膨胀，激情在燃烧。

丁晓兵学着老兵的样子倒了满满一碗酒，一饮而尽，然后狠狠地把碗摔得粉碎。

不知是谁唱起了歌：

再见吧，妈妈

再见吧，妈妈

军号已吹响

钢枪已擦亮

行装已背好

部队要出发

你不要为儿伤心

你不要为儿牵挂

当我从战场上凯旋归来

再来看望亲爱的妈妈……

每人腰间别着以备不测的两枚光荣弹出发了。第一次上战场的丁晓兵并没有多少紧张。他和战友们潜伏在丛林小路旁，熬过了一个炽热的白天，又迎来了一个清凉的夜晚。丁晓兵始终睁大双眼，注视着前方那条隐藏在丛林中的山路，眼睛都瞪酸了，还不见目标出现。天渐渐黑了，眼前的景物变得神秘莫测，突然，山路上出现了一个模糊的黑影，一个男人哼哼唧唧唱着小曲朝这边走过来……

目标出现了！丁晓兵不等班长下命令，一个虎扑，就将黑影扑倒在地，熟练地捆住双腿，封住他的嘴巴，顺利抓获。班长竖起大拇指说：丁晓兵，不错啊，动作挺利索的。

丁晓兵一行人喜滋滋地撤了回来，躺在床上，丁晓兵兴奋得睡不着，第一次执行任务就干脆利索地抓了个大"舌头"，功是怎么也跑不掉了。

正在独自兴奋着，连长一脸严肃地把他从被窝里拉了出来："丁晓兵啊丁晓兵，我让你到前线抓特工，你却给我抓了个老百姓回来。不但没有完成任务，还给我惹了个麻烦。"

丁晓兵蒙了。

原来，抓回来的不是"特工"，而是去和阿妹对情歌的阿哥。人家穿了新衣，喜滋滋地去谈恋爱，阿妹没见到，反而被摔了个狗啃泥，意见自然很大。

丁晓兵在战场上执行的第一次任务就这样滑稽地宣告失败了。

➔ 他"死"了

★★★★★

首战失利的丁晓兵被打入了"冷宫"，沦为烧火做饭的伙头军。丁晓兵很不服气，采取了压床板、绝食等诸多反抗手段，都无济于事，直到有一天，领导认为他的急躁情绪已经完全平伏了，决定再次派他去抓"舌头"。

那是一个风雨交加的夜晚，简单的战前动员后，班长带领四名队员出发了。这次是化装潜伏，身上穿着迷彩服，脸上涂着油彩。为了便于作战，身上带的一律是轻型装备：匕首、手铐、手雷和手枪。

夜，静得出奇，偶尔有几只夜鸟从头上飞过，奇异的叫声令人毛骨悚然。

不许说话，不许咳嗽，不许打电筒。在班长的带领下，丁晓兵们悄无声息地在黑暗中摸索前进。

这是一条通往胜利的路? 还是一条通往死亡的路? 走在这条生死未卜的路上，丁晓兵心跳得极快。

穿过雷区时，班长示意大家提高警惕，并把丁晓兵推到了身后。

这就是战友情，在生死考验面前，谁也不用说话，心照不宣地用无声的行动表达着男人间的关爱。

天亮之前，丁晓兵和队友们到达指定的潜伏区。潜伏点距敌人的工事不足百米，能清晰地看到敌人手中那黑洞洞的枪口。

丁晓兵与战友们一动不动地趴在一个小沟里，一趴就是一整夜，为了防止咳嗽，丁晓兵特意吃了半片止咳药。

敌人没有任何行动，丁晓兵他们一直没有找到下手的机会。

第二天，天色渐白，三名敌军提着枪走出了工事，说笑着朝丁晓兵他们潜伏的方向走来。丁晓兵心中狂喜，机会终于来了，他把头埋进草丛，等待目标走近，当第一个目标离他只有四五步远时，丁晓兵心中默数着："一、二、三，上!"

丁晓兵和班长几乎同时跃起猛地扑了上去。敌人也不含糊，惊慌而短促地"啊"了一声，就推弹上膛。丁晓兵一把抓住了枪管，一记猛拳打在他肚子上，班长搂住他的脖子，将他摔倒在地，丁晓兵翻身骑在俘虏身上。

后面的两人已被担任狙击手的战友干掉。

但不妙的是他们的行动被敌人察觉了。敌阵地从三个方向向他们发动了猛烈进攻，密集的子弹呼呼地叫着在耳边飞过。

班长命令大家带俘虏立即撤退。

突然，丁晓兵觉得后背一热，伸手一摸，是一块炮弹皮钻进了皮肉。他把它抠出来，就像拔出一根小刺，血染红了迷彩服，都没感觉到疼。

敌人的火力越来越猛，副班长中弹倒下了，另一位战友身上挂彩了，大家连难过的时间都没有，别无选择，只有冒死突出重围。

丁晓兵拖着俘虏撤退，那个俘虏也不是好惹的，一直没有停止顽抗。一发

△ 在无锡某中学丁晓兵与少先队队员在一起

炮弹眼看着朝他们飞来，丁晓兵扑在俘虏身上，炮弹在附近爆炸。丁晓兵正要拉起俘虏，俘虏竟从身上摸出一颗手雷，拉掉了引线。

班长大喊："丁晓兵危险！"

丁晓兵来不及多想，手雷一炸，全都完了。他毫不迟疑地抓起冒着青烟的手雷往外扔。就在那个瞬间，手雷爆炸了！

丁晓兵昏了过去。等他睁开眼睛一看，不好！俘虏还活着，正爬起来想跑。丁晓兵上去想一把掐住他的脖子，咦？右手怎么使不上劲？低头一看，右胳膊肘关节被炸没了，骨头露了出来，刚才那个捕俘动作将断胳膊一下子插到了泥土里，血正像自来水一样往外喷涌。丁晓兵脑子有点发蒙，大喊："班长班长，我胳膊断了！"

班长闻声赶来，赶紧取下腰带，紧紧扎住他的胳膊，为他进行了简单包扎，带着俘虏继续边打边撤。又一枚炸弹在附近炸响。副班长周其林的肠子流了出来。丁晓兵用左手拼命地把肠子往周其林肚子里塞，塞进去又流出来。

丁晓兵大哭。周其林大睁着双眼，生命的光辉从眼睛里渐渐散失。战友们抱着他拼命地喊着他的名字，但周其林还是闭上了眼睛，这一闭就再也没有睁开，甚至连一句遗言也没有留下。

激战了大约一个小时，终于摆脱了敌人的追击。丁晓兵他们拉着俘虏，背着副班长周其林的遗体，在丛林中艰难地奔跑着，丁晓兵只连着皮的右臂晃来晃去，有时刮在树枝上，很影响速度，丁晓兵干脆拔出匕首，咬牙将断臂割了下来，别在了腰带上。他是想把胳膊带回去，让医生缝一缝，兴许能接上去。

翻山越岭走了近四个小时，接应的部队终于赶来了，就在丁晓兵将俘虏交给战友的那一刻，他一头栽倒在地。他眼前，仿佛被谁关了门，漆黑一团；在他的身后，一条3公里长的血路延伸着。

战友们嘶声竭力地喊着丁晓兵的名字，医生跑过来。

血压没了，心跳没了。医生一脸的无奈，出示了阵亡通知书，死亡鉴定上写着：右上肢断离，失血性死亡。

战友愤怒了，断了臂奔跑了四个小时的战友怎么会没了？！医生懂得士兵的感情。为了安抚活着的人，他们继续做着抢救工作：人工按摩、人工呼吸、注射血浆、注射强心剂，丁晓兵安静地躺着，依然没有生还的迹象。

战友们把丁晓兵和周其林并排摆在一起。

丁晓兵脸上、身上多处有伤口，多处在流血，战友们一遍遍给他擦拭着脸。当细心的卫生员最后一遍为他擦拭脸庞时，意外发现停留在丁晓兵鼻孔下的药棉绒毛在轻微地抖动。

丁晓兵没死！卫生员跳了起来。

医生们扑了上来，切开他脚踝处的静脉，强行注入2600CC血浆，一架"米八"直升机把丁晓兵送往了后方医院。

第一次思考生命的价值

★★★★★

昏迷了两天三夜后，丁晓兵终于醒了过来。

战友、俘虏、胳膊，丁晓兵极力在脑海里寻找发生的一切。

"胳膊！我的胳膊呢？还给我！"丁晓兵用左手撕开裹在断臂上的纱布，声嘶力竭地喊叫着。他清晰地记得自己那只断臂是别在腰里带回来的，怎么会没了呢？他抬起头，苦苦哀求。

战争使大家已经忘记了战士们都是20来岁的孩子，19岁的丁晓兵其实还是个孩子。

医生和护士听着丁晓兵撕心裂肺的哀求，都抹着眼泪。

最终，看着伤心欲绝的丁晓兵，医生硬着心肠告诉他，断臂离开肢体的时间太长，血小板凝固，已经无法接活了。

丁晓兵一口气没上来，又昏了过去。

为了看昏迷了几天的丁晓兵有没有尿，一位女护士把小便器塞进了他的被窝。连女孩子的手都没有牵过的丁晓兵，觉得羞愧难当，拒绝了护士的好意，一把掀掉了被子，扯掉输血管，歪歪斜斜地往卫生间走去。从病房到卫生间，只有七八米的距离，而此刻丁晓兵却比走七八十公里还费力，走几步，就是一头虚汗，护士们和住院的战友们上去扶他，他都甩开了。进了卫生间，丁晓兵的眼泪流了下来。曾经的骄子成了需要别人照顾的残疾人，这落差使丁晓兵很受伤。

撒完尿，丁晓兵发现自己一只手没法系上裤子，一股从未有过的悲凉涌上心头。擦干眼泪，推开门，在众人同情的目光里，丁晓兵左手提着裤子，踉踉跄跄往回走。丁晓兵已经坚持不住了，但他咬紧牙撑着，他不需要别人的同情。但没走多远，就昏倒了。

再醒来时已是傍晚。

看护的护士很高兴，用勺子喂丁晓兵稀饭。丁晓兵抢了过来，一大半撒在了衣服和床上，一小半进了口，看着正收拾的护士们，丁晓兵情绪十分低落。

丁晓兵母亲在得知丁晓兵受伤的消息后，千辛万苦地来到了昆明，见到了丁晓兵，看着只剩下一只胳膊的儿子，老人家号啕大哭。

母亲在招待所住了下来，她担心丁晓兵想不开。丁晓兵看着母亲花白的头发，想起那些和他一起上战场再也没有回来的战友，一时间思绪万千。

副班长周其林，丁晓兵和他的交情是打出来的，平时训练，他俩是"搭档"。训练要从实战出发，不能摆花架子，要下狠心出重拳。丁晓兵身上，还留着被他打后的瘢痕。

周其林为掩护战友被炸弹炸伤，肠子流出来，遗言都没留一句就牺牲了。

陈新华，在一次战斗中被炸掉了腿，没有担架，战友们轮番背着他后撤，为了不连累战友，他悄悄地松开了止血带，血尽而逝。

他们为什么要做出这样的选择？丁晓兵突然觉得，自己和那些已经牺牲了的战友相比，已经是不幸中的万幸了，没有理由再在自怨自艾中浪费生命。

丁晓兵后来在文章中写道："生命既坚强，又很脆弱，一场战争，一次疾病，一回意外，都有可能让我们的生命结束。我能从战争中活下来，是上天的恩赐。我现在活着，真好。但不是活着就好，更应该提升生命的质量。"

19岁的那个夜晚是丁晓兵人生的一个重要分水岭。就在那个夜晚，他完成了精神的涅槃，获得了新生，开始了他 19 岁之后的第二次生活。

→ 他是第101个

★★★★☆

1985 年 6 月，丁晓兵 20 岁。

为大力表彰保家卫国、建功边陲的英雄模范人物，团中央、《中国青年》杂志、《解放军生活》杂志会同边疆 12 家青年报刊联合发起了"为百名边陲优秀儿女挂奖章"活动，活动中共评出 5000 名"优秀儿女"，其中金质奖章获得者 100 名。

参评者必须在边疆工作或战斗一年以上，并有卓越贡献，丁晓兵只战斗了 11 个多月，时间上不够，没有资格参评，但作为特邀代表，丁晓兵受邀参加。

大会在京西宾馆召开。会后，几位记者在采访金质奖章获得者之余，也采访了特邀嘉宾丁晓兵。丁晓兵的故事吸引了大家，越来越多的记者围了过来，俨然成了丁晓兵的小型记者招待会。

第二天，几家大报以"中国兵"为题，刊登了丁晓兵的故事。《中国青年报》的报道尤为动人，中央电视台、中央人民广播电台也向全国人民讲述了丁晓兵的战斗经历……

丁晓兵的英雄事迹深深震撼了全国各族人民的心。

这个时候，人们突然意识到，丁晓兵并不是"为祖国边陲优秀儿女挂奖章"活动的正式代表，更不是那 100 个金质奖章获得者之一，甚至不是银质、铜质奖章获得者。

记者和社会各界人士纷纷向大会组委会反映，要求授予丁晓兵一枚金质奖章。那时，"挂奖章"活动已经接近尾声。时任团中央书记处的领导李源潮了解情况后，向时任团中央书记的胡锦涛同志作了汇报。

胡锦涛同志提议马上召开会议，专题研究给丁晓兵颁奖的问题。评选委会员决定，追加丁晓兵为金质奖章获得者。

丁晓兵获得了第101枚"为祖国边陲优秀儿女挂奖章"金质奖章。

在京西宾馆的一间会议室，李源潮书记给丁晓兵带去了胡锦涛同志的问候和鼓励，丁晓兵至今一字不错地记得，并成为鞭策

▽ 在宿舍刻苦练习书法

他一直向前的动力：

"丁晓兵同志，党和人民非常关心你，为此追加了这枚金质奖章。这是对你的关爱，更是对你的鞭策，你要保持荣誉啊！而保持荣誉最好的办法就是不断创造新的荣誉。"

这也成为丁晓兵的最佳写照，荣誉成就了丁晓兵，使丁晓兵一直保持着向前的动力，他一辈子也无法松懈下来。

→ 一战成名

☆☆☆☆☆

1985 年的秋天，丁晓兵 20 岁，他成了备受追捧的明星。

"为祖国边陲优秀儿女挂奖章"活动结束后，丁晓兵随报告团在首都的高校、部队、机关、厂矿进行了长达一个月的演讲。38 场演讲下来，丁晓兵彻底找着了当英雄的"感觉"。

配合演讲的是每天媒体的宣传，报纸上、电视里、广播中，每天都有关于丁晓兵的消息。无论走到哪里，都有人找丁晓兵签名。

这个时候，家乡安徽也邀请丁晓兵回去作报告。为了配合丁晓兵先进事迹报告宣讲，合肥市委专门作出了《向丁晓兵同志学习的决定》，安徽省委也发出了开展向丁晓兵学习的通知。

那段时间，断臂英雄、一等功臣，一顶顶荣誉接踵而至，鲜花不绝于怀，掌声不绝于耳，求爱信雪花般飘来。20 岁的丁晓兵每天都沉浸在灯光、鲜花、掌声和崇拜者中。

荣誉和权力一样，是一柄双刃剑，丁晓兵有点找不着北了。

刚开始，每一次演讲，丁晓兵只是被动地应组织者要求，佩戴上一等功军功章和"全国边陲优秀儿女"金质奖章。后来，不要组织者提醒，丁晓兵自然而然地主动戴上。那两枚奖章，仿佛是丁晓兵身体的一部分，也已经习惯与丁晓兵一起接受万众瞩目。

丁晓兵最喜欢去大学演讲，他们与丁晓兵年龄相仿，话题容易相投，热血容易沸腾，丁晓兵更能找到感觉。

有段时间，很多人以认识丁晓兵为荣。有一次，丁晓兵受邀给监狱服刑人员演讲，讲人生、讲理想，听众里有一个犯人是丁晓兵中学时期的同学。

演讲结束后，那名犯人跟狱友们炫耀说丁晓兵是他同学，大家在质疑之下，恼怒地把丁晓兵的同学暴揍了一顿，他们觉得，犯人不配有英雄的同学，英雄不会有犯人的同学。

丁晓兵很享受这种生活，根本没有注意到父亲丁永年的眉头越皱越紧。

一天晚上，丁晓兵应酬完回到家里已经很晚了，父亲丁永年黑着灯坐在沙发上，等着他。

简单问候后，丁晓兵与父亲进行了一场让他受益终生的对话。

"这次回来，你好像很高兴，感觉很光荣，是吗？"

"是的。爸，我得到这些荣誉，难道您不觉得光荣吗？"

"荣誉？我是个老兵，我知道

△ 1985年被团中央授予第101枚金质奖章

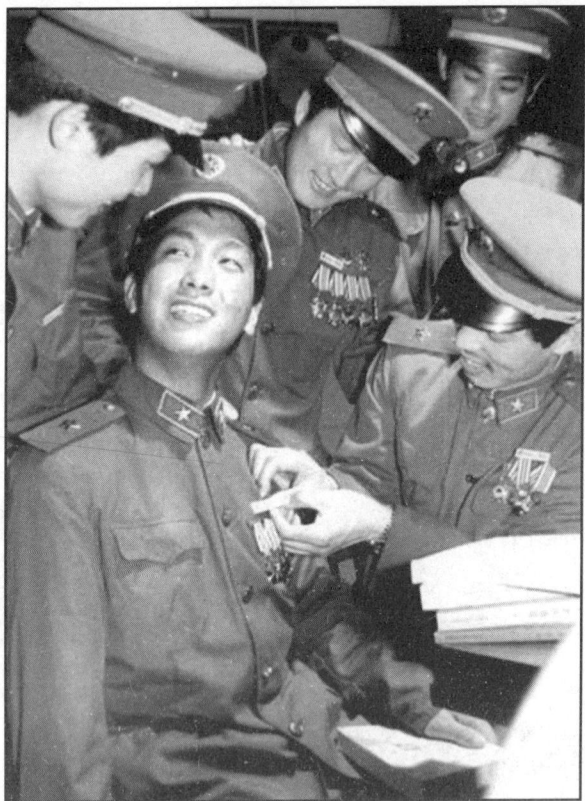
△ 战友为丁晓兵佩戴军功章

荣誉是什么，荣誉是个好东西，可它只说明过去，跟你的现在和未来一点关系也没有。你现在是蛮风光，每天不是作报告，就是搞演讲，整个安徽省都让你跑遍了。看看，咱家鲜花堆了一屋子，我和你妈这老脸上也跟着沾光了！可是，你可千万别昏了头呀！你以为你以后的日子永远都是这样吗？战争很快会过去，战争带给你的光环很快也会过去。要不了两年，你还是你，而且是少了一只胳膊的你。今后的路，还得靠你自己去走。那个时候，不会有人再请你做报告，不会有人再请你签名，请你吃饭，甚至不会有人再记得你！你想过没想过，报告作完了，你打算干什么？你能干什么？回部队吗？不知道人家还要不要你，你毕竟少了只胳膊啊！部队是时刻准备冲锋的地方，怎么会养个废人呢？你以后的路还长着呢，别人是两只手，你只有一只手，你的艰难会很多很多呀，我看你现在东南西北都分不清了，你这个样子，谁能放心你？"

"睡觉去吧，明天带你去两个地方。"丁永年丢下了一句话。

他被老英雄"撞了一下腰"

☆☆☆☆☆

父亲带丁晓兵去的第一个地方是干休所。

这里的老人和别处的老人没什么不同，打太极拳，拎着菜篮子买菜，逗弄着孙儿。

丁永年曾经的老首长就住在这里。在这个须发皆白的老人家里，一只一尺见方的木头盒子被长满老年斑的手颤巍巍地打开。

丁晓兵惊呆了，盒子里竟堆满了各种各样的功勋章和军功章！由于年头久了，这些曾经金光闪闪的证章已经暗淡了，有的甚至锈迹斑斑，几乎看不清楚上面的字迹。

老人随便翻拣着：

长征时候的……

抗战时候的……

解放天津时候的……

哪一枚，含金量都比丁晓兵胸前的那块足。

丁晓兵低下头，看着自己胸前那一枚孤零零的一等功军功章，脸红得厉害。他明白了父亲此行的用意，背过父亲的目光，悄悄摘下了那枚军功章，塞进了裤子口袋。

丁永年告诉他，院子里，随便哪位老人，当初都可能是声名赫赫的大功臣、大英雄。老人咧开没有牙的嘴，笑了，摆摆手说，都是过去的事了，过去了。

丁晓兵站在一旁，看着两个老人回忆属于他们的从前，那些战争的烟云、历史的风云在他们谈笑间呼啸而来，又翩然而去。原来，他们的人生曾经那样多彩而壮丽。和他们的经历比，丁晓兵觉得

◁ 作事迹报告

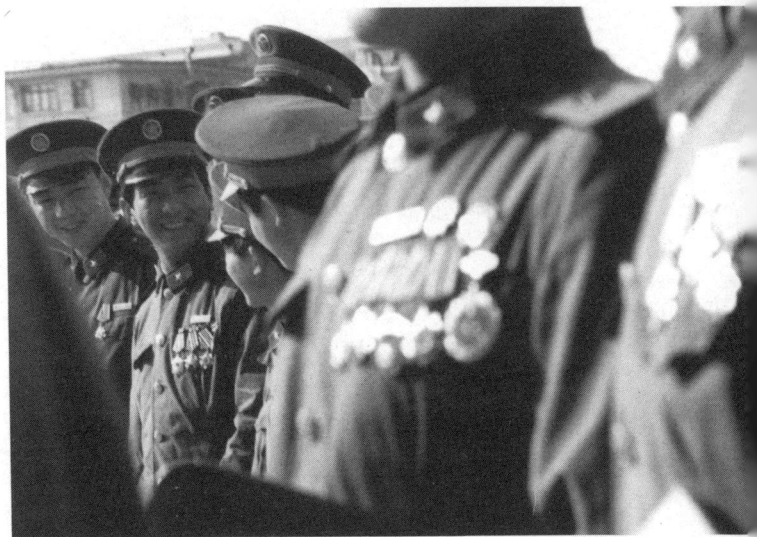

△ 与其他英模在一起

连自己赶上的这场战争都不值一提。

丁晓兵在两个老人的回忆中越来越局促不安。

跟随丁永年走出那个让他大汗淋漓的老院子，去的第二个地方是著名的大蜀山烈士陵园。

在烈士墓前静默拜祭的时候，丁晓兵想起副班长周其林和许多牺牲的战友，再想到自己只是运气好，捡了条命回来，却在鲜花和掌声中忘乎所以，感到汗颜不已。

不知不觉中，丁晓兵隔着裤子，捏着那枚曾让他自信满满的军功章，心中沉重如山。是啊，荣誉是个好东西，可它只说明过去，跟现在和未来一点关系也没有。要说荣誉，这里躺着的，哪一个都比自己更应该获得，唯一的差别就是他们倒下了，自己还站着，所以属于烈士的荣誉，给了幸存的自己。

丁晓兵突然明白了父亲带他来这两个地方最现实的用意。那些军功章，那耄耋之年的老英雄，那些静默的墓碑，就像一剂速效退烧药，让丁晓兵一下就降温了，人也清醒了。

丁晓兵向自己盟誓：就算只剩一只手，也要用它拥抱生活，就算是只有一只手，也要用它拥抱太阳！人生不可能重来，但有一条可以做到，就是通过自己的努力，把生命与所从事的事业相结合，使生命得到延伸、扩展和丰富，提高生命的附加值。

再次起飞

就像一只鹰，既然已经选择了方向／那就从雨中出发，无须彷徨／既
然天空有闪电，云层有沉雷／那就让风雨雷电一块降临吧／风狂雨骤正好
锻炼一双翅膀／我绝不会迷航／因为有一盏灯，就亮在我们跳动的心上／
即使雷电猝然把我击落／沉重地钉在一片山上／我也要从血泊中奋起／携
带这座山飞翔

—— 丁晓兵的诗

⟶ 一步险棋

★★★★★

从烈士陵园回来不久，丁晓兵被请到合肥市委。一位市领导告诉他："丁晓兵同志，省市两级领导对你的情况非常重视。今天请你来，就是想向你当面转达省委有关领导的指示。咱们安徽省正在筹备成立省残疾人福利基金会，省政府已决定由你来担任基金会常务副理事长，这是相当于副厅的位置，比你现在排级可是高很多啊！另外，房子、车子和各种生活保障都会相应地跟上。你看这样的安排怎么样？"

丁晓兵有点反应不过来，部队最基层的一名排级干部，转业到地方能得到这么高的待遇，简直就是一步登天，这确实是难得的人生际遇，是他负伤前想都不敢想的事。这个选择将决定丁晓兵一生的走向，决定他未来的生活方式。对年轻的丁晓兵来说，这个问题过于重大，丁晓兵沉默不语。

市领导以为丁晓兵是被这个巨大的好消息喜晕了头，在他眼里，丁晓兵还是20岁左右的孩子，他很理解地说："对，回家和父母商量商量吧，也让他们高兴高兴。"

丁晓兵赶到家，母亲正陪着几个陌生男女说话。

见丁晓兵回来，两位老板相继递上名片。原来，他们都是听了丁晓兵的报告后十分感动，代表公司请他去工作，职务好商量，解决住房、车子，并每月付给优厚薪酬……

接连的好事让丁晓兵有点发蒙，但丁晓兵对做生意不感兴趣，也自认不是那块料，所以想都没想就拒绝了。

母亲沈成英担心丁晓兵将来的生存问题，希望他好好考虑两位老总的建议。见母亲焦急，丁晓兵便把省里邀请他去残疾人福利基金会当副理事长的事说了出来。母亲高兴坏了，立刻催促丁晓兵答应下来。

丁晓兵却不想这么早做决定，他还是舍不得部队。

父亲丁永年让丁晓兵自己拿主意。

躺在床上，丁晓兵翻来覆去，不知何去何从，从理想到现实，都琢磨了个遍。对于热爱的军装，他舍不得脱下，但又担心自己已经残疾了，部队会安排他转业。而对副理事长的位置，他又怕不能胜任。丁晓兵始终相信，人的成长必须遵循客观规律，速成的东西要么是怪胎，要么是昙花一现，都有缺憾。只有日积月累，每一步都踩在地上才会踏实，才符合客观规律。机遇是很重要，但机遇是给有准备的人的，丁晓兵认为20岁的自己远远没有准备

▽ 与地方领导交流

好，就是当上副理事长，也将一事无成。他要的是厚积薄发。想通这一节，丁晓兵才踏实地睡去。

第二天一大早，丁晓兵跟父母摊牌："我想留在部队。除了部队，我哪儿都不想去。"

丁晓兵的父亲沉默了片刻，说："你自己可要想好了，以你现在的身体条件，部队还能不能留你，谁也预料不到，眼前的好工作却是板上钉钉的事。你的选择绝对是一步险棋。记住，一旦选定了道路，不管走下去有多难，你都必须硬着头皮坚持，不为别的，只因为你是个男人，更是一位军人，你要为自己的选择负责。"

丁晓兵鼻子有点酸，父亲终于开始把自己看作是可以平等对话的成年男人了。

棋子一旦落地，不管它的前途有多么叵测，也都只能硬着头皮向前走。丁晓兵平静下来，他知道了自己前进的方向，他无怨无悔。

→ 意外要求

☆☆☆☆☆

丁晓兵回到部队，正赶上部队做从战场撤回后的最繁杂最迫切任务：接待烈士家属。这项工作不管是对官兵还是对烈士家属，都是一种精神磨难。

丁晓兵见到了副班长周其林的母亲和未婚妻，两位淳朴老实的农村妇女。周其林家很穷，他曾经是全家唯一的希望。周其林牺牲后，他母亲和未婚妻觉得天塌地陷了，但她们没有抱怨，没有指责，甚至没有提任何实质性的要求，反而再

▷ 读书

三感谢部队对副班长的教育培养，一直说着感恩的话。她们在部队总共只住了一天。在她们离开部队前，周其林的未婚妻提出一个要求，希望到周其林睡觉的地方看看。

丁晓兵和战友带着她来到侦察班宿舍，指给她副班长睡过的那张床。她说想自己待一会儿，丁晓兵和其他战友默默地走出房间，轻轻带上了门。

丁晓兵和战友有点紧张地站在窗前，注视着她的一举一动。那时天已经黑了，屋子里没有灯，但月光极好，屋内发生的一切清晰明了。

副班长的未婚妻扶着未婚夫曾经睡过的床，慢慢趴下，似乎是累坏了，肩膀抖动起来，片刻，悲凉绝望的哭声传了出来。

窗外，丁晓兵心如刀绞，心里的悲痛甚至超过了在战场上和副班长诀别的那一刻。

那一刻，丁晓兵更坚定了在部队干下去的决心，不为别的，就算继承烈士们的遗志，他也应该坚持下去。

周其林的母亲和未婚妻回去了。丁晓兵一直在考虑怎么向领导汇报自己的想法，他担心自己一说，提醒了领导，真让他转业了。

正当丁晓兵犹豫的时候，来连队检查工作的上级首长点名要听他的汇报，了解丁晓兵的一些具体想法。首长十分和蔼，仔细问起了他的现状和对未来生活的想法和打算。丁晓兵的心一下子缩紧了，要安排自己转业了吗？

丁晓兵很明白，部队是一个战斗团体，需要每一个战斗员都有健康的体魄，如今自己成了残疾人，留在部队，在别人眼里，不是给部队添彩而是给部队添乱。就丁晓兵个人而言，就算有千万条路让他去走，他眼里也只有从军这一条。但这只是他一厢情愿的想法，部队是否会选择他、留下他，丁晓兵心里一点底都没有。那一刻，他心乱如麻，六神无主。

首长见丁晓兵不做声，说："组织上非常关心你们这些作战勇敢，又带有伤残的军人，为了安排好你今后的生活，使你今后生活更安稳、更舒适，你有什么打算尽管跟我说。不要有什么顾虑，想要什么就直接说，组织上会尽量满足你的要求。"最后，首长还开玩笑地说："就是你想要天上的星星，也会想办法给你戳一个下来，有要求你尽管提。"

周其林牺牲时肠子流出肚皮的模样，他未婚妻趴在他睡过的床上肩头抖动的模样突然间都扑到丁晓兵的眼前。

"一要工作，二要学习，三不离开部队。"丁晓兵最终鼓起勇气提了出来。

首长等了片刻，问："完了？"

"完了。"

首长盯着丁晓兵，好像在研究他，然后说："小丁，你可以要房子，要保姆，以及其他生活上的照顾，你有资格享受这些。"

丁晓兵摇头，没再回答。他不知道怎么回答首长的问题，比起周其林他们，丁晓兵觉得自己占了很大便宜，周其林把生命留在南疆，他家人仅仅享受了不到一千元的抚恤金，丁晓兵觉得没有一点理由要待遇要照顾。

最终，组织上同意了丁晓兵的全部要求，他被解放军南京政治学院录取。

二十多年后，丁晓兵才知道，他是唯一一位在残疾较严重的情况下，经总政首长特批破格提干入学的。

→ 军校生活

★★★★★

1986 年 3 月，丁晓兵 21 岁。

成为南京政治学院政治工作系的一名学员后，习惯了火热军营生活的丁晓兵，从硝烟弥漫的战场到窗明几净的教室，感到有些手足无措。丁晓兵学生时代热衷习武，只上过一年高中，文化底子薄。现在，又只剩下一只手，对他而言，读书比打仗还难。丁晓兵站在南京政治学院门口，心里直打鼓。

丁晓兵遇到的第一个困难是写字。他用左手练习写字已经有一段时间了，在昆明医院的时候，他就开始学习写字和画画，能写出一手刚劲有力、流利的好字，写的字画的画还挺受医生护士欢迎，也送出了不少。可没想到做学生，字光写得好还远远不够，课堂记笔记的关键是速度，老师讲课的速度远远超过丁晓兵记录的速度，每次上课，他都急出一身汗。这让丁晓兵很有挫败感，一恼火，气得用笔乱戳桌子，开学没几天，作报告时人家送的九只钢笔的笔尖都被他戳断了。

笔戳坏了，还得花钱买新的，丁晓兵不戳了。他想了很多法子，上课的时候用录音机把老师讲的课录下来，课后，对着录音机整理课堂笔记，给自己补课。刚开始他很得意，以为这个困难算解决了。

没想到困难终究是困难，如果自己当时不把它解决了，或者把困难隐藏起来不去解决，它总有一天会跳出来咬你一口。

很快，丁晓兵就被狠狠地咬了一口。系里组织政治经济学考试，这是丁晓兵到学校后的第一次考试。考试时间刚过半，就有同学答完陆续离开教室，最后，教室里只剩下丁晓兵和监考老师两个人。丁晓兵急得额头手心直冒汗，越急写字速度越慢。结束考试的铃声不合时宜地响起。

监考老师走过去收丁晓兵的卷子。丁晓兵急了："报告教员，我请求延长 20 分钟！"

监考老师面无表情地一口拒绝了丁晓兵，并收走了他的试卷。

▽ 书法展示

丁晓兵站在那里一动不动地对教员怒目而视，又尴尬又愤怒。教员离开教室时，说："丁晓兵，我知道你是靠组织照顾才得以上学的，可是，如果你处处要求照顾，在部队你是不会有出息的。"

同学们也替丁晓兵鸣不平，觉得教员这样对待一位缺了一条胳膊的战斗英雄过于苛刻了些，太没人情味。

成绩考试公布出来，丁晓兵是最后一名，78分。想想曾经的风光无限，现在的垫底学生，丁晓兵觉得十分难堪。没几天，那个监考教员在楼梯口碰到丁晓兵，叫住他，说："丁晓兵，我知道你对我有想法，我告诉你，如果你连这一关都过不了，什么事情都指望别人来同情你、照顾你，在军队你是走不远的……"

丁晓兵惭愧不已。他一直觉得自己很坚强，特别是拒绝了家乡政府的照顾，留在部队后，认为自己有能力和正常人一样工作生活。但经过这件事，他发现潜意识里，自己一直在接受组织的照顾，认同这些照顾，并没有把自己摆在一个正常人的位置去要求自我。

丁晓兵豁然惊醒，按照这种态度下去，军旅之路很难走通。他给自己提了个要求：想让别人把自己当正常人看，必须首先做到彻底忘记自己的不正常。从此，丁晓兵的字典里，剔除了"照顾"两个字。

不久，系领导为照顾丁晓兵一只手不方便，专门买了台洗衣机送到他宿舍。这台洗衣机后来成了系里的公共用品，丁晓兵直到毕业，一次也没用过。

为了提高写字速度，丁晓兵从图书馆借来《资本论》，面前放块表，规定好抄写速度，每天抄到深夜。不到两个月，左手写字的速度就上来了。这件事让丁晓兵更有信心了：看来困难就那么回事，你弱它就强，你强它就弱。

在南京政院的两年，丁晓兵没有睡过一个午觉，没去过中山陵，没去过玄武湖，把所有的时间都用到了学习上，用在了书画上，他不仅以优秀学员的身份顺利毕业，还被地方书法协会吸收为会员，举行了个人书画展，后来，电视台专门以"独臂绘丹青"为题做了一期关于丁晓兵书画的节目。

→ 毕业选择

★★★★☆

丁晓兵军校毕业时，又一次面临选择。

虽然学院要求同学们都服从分配，到祖国最需要、最艰苦的地方去锻炼。但学院领导对丁晓兵却格外关照。当时，学院根据丁晓兵的实际情况，给他拟定了两套方案，一是留校任教或从事行政工作；二是把他安排到大城市的大机关工作。

丁晓兵对学院的安排表示感谢，可对自己的去向却没有明确表态，他心中有想法。

向往舒适是人的本能，丁晓兵也不例外，但他要求留在部队，并不是谋图安逸，如果要安逸，当初的副理事长位置，比部队任何一个位置都舒适得多。选择部队，就是选择火热，选择挑战。

此时，丁晓兵想起了南京航空学院大学生王明的来信。信是这样写的：

丁晓兵同志，我听过你的报告。你已经是家喻户晓的英雄了，不过，你不要因此而骄气。你以为我们这些大学生上前线不能成为英雄吗？只是你有机会去，我们没有机遇罢了，我这样说，你不要以为我是嫉妒，我只是认为，成了英雄的你只过了第一关，第二关就是看你能否实现你在报告中说的，追求人生最大的价值，实现烈士们未完成的遗愿。假如十年、二十年之后仍有事迹在你身上出现，你才是当之无愧的英雄！

以上这些，我是以一个朋友的口吻说的，如果你听了不高兴的话，你就不算什么真正的英雄，起码不是我心中的英雄。

这封信丁晓兵一直没有回，王明想看的是二十年后的丁晓兵，丁晓兵从接到这封信那天起，就和王明签定了一个心灵的契约：二十年后论英雄。

想到这些，丁晓兵彷徨的心一下子找到了方向：自己想当的是真正的军人，只有经过了基层的磨炼，经过艰苦的考验，才能走出扎扎实实的脚印，才有资格接受王明的挑战。

丁晓兵给院领导写了一个申请：

"尊敬的院首长，我是丁晓兵，首先感谢首长对我的关心和爱护，感谢学院老师们的辛勤教导和培养。在毕业分配这件事上，我请求组织把我分到最艰苦的基层连队去……"

报告呈上去后，在学院引起了轩然大波。有人说他傻，有人认为他自不量力。要好的同学也苦口婆心地劝他，让丁晓兵一切从

▷ 1987年在南京政治学院毕业留影

实际出发，免得后悔的时候没地方买后悔药吃。毕竟，基层是出战斗力的地方，带兵需要摸爬滚打，丁晓兵一只手不方便。

一直对丁晓兵很关照的系主任也十分着急，让他不要好高骛远，跟自己过不去，到了基层，别人是两只手工作，丁晓兵你一只手，没起步就输给了人家一半。年轻人有热情是好事，但在人生的关键时刻绝对要冷静。

但丁晓兵还是坚持自己的选择，丁晓兵被分配到无锡某部。该让他到基层还是留在机关，团党委又发生了分歧。最后，政委在与丁晓兵进行深入谈话后，尊重丁晓兵的意见，让他到八连当了一名指导员，雄鹰正式开始了折翅后的再次起飞。

→ "掉链子"了

★★★★★

八连是经历过炮火硝烟考验的英雄连队，是全面建设标兵连。

丁晓兵背着背包到连队报到的第一天，看到新指导员只有一只胳膊，连队官兵眼里满是疑惑和好奇，大家窃窃私语，相互打听着丁晓兵的来历，然后一脸恍然大悟，认定丁晓兵是到连队来镀金的，不然，一只胳膊，究竟靠什么来摸爬滚打，用什么来使大家信服。

丁晓兵没有搞高调的施政演说，到一个新单位，先深入了解才是正道，只有这样，才能为施展手脚打下基础。起初的一个星期，丁晓兵只看不说，看八连的辉煌历史，看八连奋斗的经历，看八连的荣誉和现状。

可没几天，丁晓兵遇到了一件尴尬事，让他再也沉默不下去了。

那天晚上，尖锐的紧急集合哨音响起。丁晓兵条件反射般鱼跃而起，铺开被子，开始笨手笨脚地打背包。

门外纷乱的脚步声如鼓般擂在丁晓兵心上，当他提着松松垮垮的背包跑出宿舍时，部队已经等了他整整10分钟。

队伍整齐列队站在操场上，几十双眼睛盯着"丢盔卸甲"的指导员丁晓兵，在他们的眼神里，丁晓兵看到了最不愿意看到的东西：同情和可怜。

作训参谋看了看秒表，显然不满，似乎想说什么，但又咽了下去，叹了口气，终究没说什么，让连队自己组织训练。

丁晓兵脸上火辣辣地疼。连长王平点评完后，丁晓兵站在了队伍前面，他说："同志们，今天是我给八连丢脸了，对不起大家，现在我当着大家的面表态，今天我掉链子了，给咱八连跌份了，请大家给我点时间，我一定能赶上你们，赶上八连的速度，一定把咱八连的面子捡回来！"

话不多，但掷地有声，大家静默着，他们对他的话将信将疑。

打背包是军人的基本功，连背包都打不起来怎么在基层带兵？小小的背包像一块巨石压在丁晓兵的身上，这只是他到基层遇到的第一个难题。丁晓兵知道，以后还有源源不断的难题压过来。

从那以后，丁晓兵每天躲在屋里练习打背包。一只手打背包，背包绳在手里不听使唤，原来由右手担负的工作交给了牙和腿，嘴被勒破了，鲜血染红了背包绳，他依然咬着不放。

通信员在一旁看得很心疼，哭着求指导员停下来，说以后打背包的事他包了。丁晓兵把他推到门外，告诉他："你能帮我一阵子，能帮我一辈子吗？自己的事还要自己做。"

不出一个月，那位作训参谋又到八连紧急集合。丁晓兵装备整齐、动作迅速地站在了他面前，参谋眼里全是惊奇和钦佩。

刚过背包关没几天，丁晓兵又遇到了更难的关口：训练关。

八连是全训连，连队最经常的工作就是训练。作为一名基层带兵人，在战士心中有没有威信，战士听不听你招呼，首先得拿军事素质说话，一个军事素质拿不上台面的指导员在基层是立不起来的，也不可能带出过硬连队，不可能保持荣誉、保持先进。

作为一名从战场上下来的战斗英雄，丁晓兵更加懂得过硬的军事素质对于一个带兵人来说意味着什么。

丁晓兵从没想过，有一天训练会成为他的问题。单双杠、俯卧撑、5公里越野、射击训练，这些本来全是他的强项，现在却成了大问题，要完成这些训练课目，他注定要付出比常人多几倍的努力。

△ 单手打背包

人体就像一部精密的仪器，一旦某个部位出现故障，整体就会出现问题。

走上训练场，丁晓兵沮丧地发现，自己的身体严重失衡，曾经的强项都成了弱项。

射击场，他单手举枪，枪在手里乱晃，射出去的子弹不是飞上天，就是钻了地，没几颗中靶，报靶员报来成绩：丁晓兵射击不及格。

投弹场，八连战士都能投到40米、50米甚至更远的地方，丁晓兵投出去的手榴弹却砸在了离自己仅20米的位置。

其他项目，少了只胳膊，丁晓兵心里没底，但5公里越野，靠的是双腿，拼的是耐力和毅力，丁晓兵很有信心，认为肯定不会拖连队的后腿。在连队第一次跑5公里时，他信心十足地站在排头兵的位置上。可惜，现实又给了丁晓兵一个结结实实的打击。跑步需要腿和双臂的完美协调，丁晓兵只有一只胳膊，身体本来就失去了平衡，一跑动，更没有平衡感。丁晓兵只能眼睁睁看着脚下笔直的跑道，却怎么也跑不到一条直线上，一不小心，还摔了一跤。丁晓兵又是最后一名。

在训练场上遭遇惨败后，战士们开始有了议论，怀疑他曾经的侦察兵身份，觉得上级配一个军事素质这么差的指导员给连队是对八连的不负责，是对大伙儿的不负责。有的战士认为八连是战斗连队，需要齐装满员都能冲锋陷阵，像丁指导员那样的英雄，应该去的是干休所，而不是待在八连。

听着战士们背后的这些议论，丁晓兵全身都在发烧，但他不想跟战士们解释，解释等于掩饰，掩饰就是确有其事。在战场上，死神不会听解释，在军事竞技赛场上，裁判员不会听解释。八连的官兵们，需要的也不是解释，而是一名合格的指导员，一名能带领连队大步前行的指导员。

晚上，战士们都睡了，丁晓兵一个人站在训练场上，望着一件件曾经熟练无比的训练器械，这里曾是让他接受别人钦佩的地方，是他自我感觉良好的地方，带给他诸多自信荣耀和辉煌，甚至是由于曾经过硬的军事素质，挽救了他的生命。现在，却让丁晓兵折戟沉沙，一败涂地，真是成也萧何败也萧何啊！

拿什么来拯救你？我的荣誉。丁晓兵知道，只有一个字：练。

→ 找回面子

★★★★★

丁晓兵认真分析了在训练场上一败涂地的原因，觉得枪打不准、弹投不远的症结，一切都是因为左手力量不够。

他找了个水泥块，把它当哑铃举，又找了根背包带绑在树干上，将训练弹绑在绳子另一头，用左手拉背包带练习投弹姿势。半年时间里，背包绳拉断了6根。

练了一阵子，丁晓兵觉得左手的力量上来了，又开始练习左手举枪的射击动作，一只手操枪的动作有点像拉小提琴，丁晓兵把枪紧紧抵在肩胛部，用下腭夹紧，十分钟不到，一身大汗。

为了增强持枪的稳定性，丁晓兵从体能训练开始，他选择了能在短时间内见效的方法：俯卧撑。一只手做俯卧撑有点像要杂技，撑不住时，一头戳在地上，而且永远是嘴巴先挨地，磕破了嘴、磕肿了脸是常有的事。

部队练射击有个传统有效的方法，就是在枪管上挂砖头。别人挂一个，丁晓兵挂两个，别人挂两个，他就挂三个。据枪定型练习，别人坚持三十分钟，他就坚持四十分钟，别人坚持四十分钟，他就坚持五十分钟。

为了解决中长跑中的平衡问题，丁晓兵专门在100米障碍场中的平衡木上寻找平衡感觉，也没少摔大马趴，从平衡木上摔下来，一只手的人远比两只手的恐慌，一只手根本无法有效保护自己。

这一切，丁晓兵觉得理所当然，他认为男人就是要对自己狠一点，一只手的男人，更要对自己加倍狠。

转眼就到了年终军事考核的时间。

还是八连的训练场，还是八连全体官兵，监考的是团机关作训股的参谋们。先是投掷手榴弹，丁晓兵的成绩是45米，优秀！然后是射击，丁晓兵的成绩是47环，优秀！然后是5公里、100米障碍……

在那次年终军事考核中，共计8个军事训练课目，丁晓兵拿了7个优秀1个良好。

八连的考核场似乎成了丁晓兵一个人的表演场。连长王平带头为丁晓兵鼓掌，战士们也使劲地鼓掌，就连考官们也一改一贯的严肃，不停为丁晓兵真诚地鼓掌。

在所有人的眼睛里，丁晓兵看到了久违的钦佩、羡慕和赞赏，而这些对他来说至关重要。战友们的眼神让他重新找回了自信，

▽ 参加军事训练

重新发现了自己的价值。那天，丁晓兵十分激动，以至于热泪盈眶。他之所以这样激动，因为这一次，意味着他新生的开始。

丁晓兵总算在八连站稳了脚跟，进入了他渴望的工作状态。

丁晓兵在基层任职的那几年里，师里组织军事比武，除了单双杠外，其他的他都一项不落地参加，还多次因成绩突出受到上级的通报表彰。

➡ 挨批，痛并快乐着

☆☆☆☆☆

丁晓兵不仅得到的赞扬多，受过的批评也不少，特别经得起批评的折腾。在八连当指导员时，团长专门收拾过他一次，对他的触动挺大。

有一天出早操，由于加班比较晚，丁晓兵让一名排长带着部队出早操，他和连长都没有起床。正赶上团长检查部队出操情况，当他发现八连就一个排长带队出操，立刻命令队伍停下来，等在那里，让人把丁晓兵和连长叫来。

丁晓兵充分做好了挨顿臭骂的思想准备。没想到团长并没有直接臭骂，可比臭骂更绝，更让丁晓兵觉得无地自容。

团长围着丁晓兵和王平转了两圈，似乎在寻找开骂的突破口。丁晓兵有点不服气，觉得加班晚了没出操也算情有可原。

正在这时，跟丁晓兵一起打过仗的一名叫刘宏如的排长

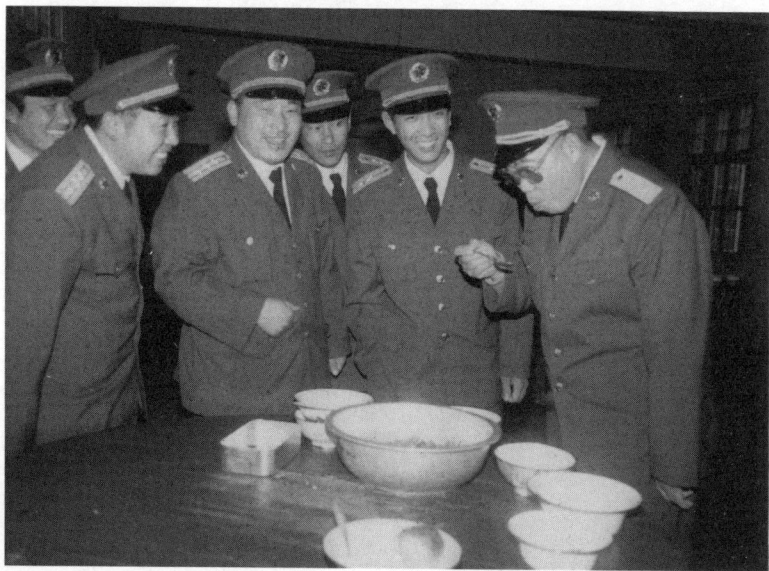

正好带着侦察排出操跑过来。团长把刘宏如叫过来，拖着长声问："你打过仗吗？"刘宏如回答："报告首长，打过。"团长又装傻问："你立过功？"刘宏如回答："立过。"团长继续装傻："立的什么功呀？"刘宏如答："一等功。"团长故意大声又问了一遍："什么功？"刘宏如响亮地回答："一等战功！"团长又对刘宏如说："你立过一等功，还是一等战功，你是人民的功臣呀！你还出操？"

说完了，团长把丁晓兵和王平晾在那里，转身走了。自始至终，团长没有骂一句，甚至没跟他们说一句话。可是当时，面对全连的人，面对刘宏如，丁晓兵觉得无地自容，很想找条地缝钻进去。

从那以后，丁晓兵再也没睡过懒觉。他觉得，一个人的好习惯、好品质是需要日常培养的，体现到一个人身上就是需要终生和自身的惰性作斗争。

丁晓兵至今感谢那些批评过他的人。比如，他当指导员时的营长。

丁晓兵成名后，结交了不少书画界名人，相互赠画赠字很常见，为了衬托一下品位，显得与众不同，他选了一些名气大、水平高的书画家的作品挂在宿舍。一天，营长转到他的房间，在丁晓兵满墙的字画前踱步，丁晓兵正等着营长的赞赏，没想到营长把那些名人字画全都扯掉了。他看着丁晓兵拉长的脸，说："你以为你是谁呀，基层带兵需要的不是一个功臣，不是一个头上罩着光环的英雄，光有军功章带不了兵，我们现在需要的是一个实实在在能给官兵做表率的带头人。这些东西你趁早收起来，显摆身份对你没有好处！"营长的话对丁晓兵震动很大，他才发现，自己脸上的灰自己看不见，原来自己思想深处有那么多问题没有意识到，有那么多的灰尘要扫除。

→ 初为人父

★★★★★

丁晓兵最不愿意承认的就是和正常人不一样这个事实，他所有的努力都是为了颠覆这个事实。很多时候，他似乎做到了，乃至他身边的人都忘记了他是残疾人的事实，但事实终究是事实。

丁晓兵婚后不久，妻子陶婉珠怀孕了。虽然丁晓兵在基层工作不能常回家，但只要有机会回家，就竭尽全力为妻子做些事，几乎包揽了全部家务。为了感谢陶婉珠对他的支持和帮助，他给未来的孩子起名丁陶，对这个名字，陶婉珠也很满意。

1989年12月3日，陶婉珠有了临产征兆。当丁晓兵从几十公里外的训练场赶到医院时，妻子已经被临产阵痛折腾得面无人色。看到丁晓兵赶到身边，脸上勉强露出欣喜的神色，瞬间又痛苦地皱成一团。

护士们嚷嚷着孩子要生了要生了……手术车来了，护士们把目光齐刷刷地投向丁晓兵。护士们都是些娇小的女人，按惯例，这时候，把身体笨重的妻子从病床抱上手术车的体力活应当由丈夫完成。然而，丁晓兵只能把假肢揣在裤兜里，手足无措地站在一边。

护士们觉得此时的丁晓兵十分可恶："你是她丈夫吗? 赶紧呀! 把你老婆抱到产床上。"

"你是男人吗? 什么时候了，还袖手旁观!"

护士们的话不但刺耳而且穿心，丁晓兵不能作任何解释，看着妻子，甚至有一种羞辱感。在妻子最需要自己帮助的时候，就这么一个简单的动作却无法完成。那一刻，丁晓兵痛苦极了，第一次意识到无论自己多么努力，和正常人终究还是不一样。

陶婉珠知道丈夫是个自尊心极强的人，知道人家的话伤了他的心。她声音虚弱地说："对不起大夫，他不方便，我……自己来……"为了给处于难堪境地的丁晓兵解围，陶婉珠咬紧牙关挪动着笨重

△ 1992年与家人在云南

的身体，十分艰难地爬上手术车，就在那一刻，羊水破了，和着血水流到了白色的床单上。虽然经历了战争，但丁晓兵从没见过那样刺目的血。

妻子在产房里生孩子，丁晓兵在外面等候，所有的词汇，都无法形容他当时痛苦与渴盼交织的心情。

陶婉珠从产房里出来时，脸上带着产后的苍白。丁晓兵看到躺在妻子旁边的儿子，一个茁壮可爱的生命。眼泪再也忍不住了，这泪水里包含着太复杂的东西，有欣喜，有内疚，有自责，更多是的丧失男人自尊的委屈。

陶婉珠沉浸在做母亲的幸福中，虚弱却毫无倦意，满足地看着身边的儿子，当她抬头看到丈夫的眼泪时，显然很吃惊。

这完全出乎她的意料，一直以来，在她心目中，自己的丈夫是铁打钢铸的，这样的男人会流泪吗？在战场上丢掉一只右臂他没有流泪，在手术台上麻醉药失效他没有流泪，在生活中遇到那么多磨难他没有流泪，在工作中遇到那么多困难他没有流泪，今天，因为儿子出生，因为不能抱起自己一把，他流泪了。

看到丁晓兵的眼泪，陶婉珠所有的委屈顷刻间化为乌有。她把丁晓兵揽在怀里，像揽着刚刚出生的儿子，她什么都没说，只是轻轻拍着丁晓兵的背，丁晓兵知道，她在用这种最适合的方式抚慰他那一刻的脆弱。

这件事让丁晓兵清醒地认识到，无论他多努力，和大多数人比，他都处于弱势。也正因为知道自己不行，丁晓兵一直有着强烈的危机意识，付出的辛劳比别人更多。他认为，一个方面不如别人，比如身体，其他方面就要比人家下更多的工夫，不断努力提高，弱点反而成为反动力，促使自己不断提高。

致命挫折

★★★★★

丁晓兵在八连当了四年指导员，连队年年立功受奖。1990年底，八连被南京军区荣记集体一等功，人人都说丁晓兵功不可没，丁晓兵嘴里谦虚，心里还是忍不住有些得意。

一天，丁晓兵正在师里参加指导员集训，突然接到上级电话通知，要他立即回连队。军区和集团军两级工作组要到连队考核调研，总结经验，为八连授予荣誉称号做前期准备。丁晓兵个人也被列为重点宣传典型对象。

丁晓兵马不停蹄地赶回连队，彻夜加班，按照上级要求写汇报材料。就在这个时候，发生了一件大事，一件直接影响八连，影响丁晓兵个人的大事。

天刚蒙蒙亮，丁晓兵家的门突然被敲得山响。通信员脸色惨白地站在门口，气喘吁吁地说："指导员，不好了，出大事了！一个新兵自杀了！"

丁晓兵蒙了。

这个突发事件，给八连、给三营、给全团甚至全师蒙上了一层阴影。在军区和集团军联合工作组来连队考核调研的节骨眼上出事故，丁晓兵知道这个严重事故将会带来什么恶果，自己和八连官兵几年的努力都前功尽弃了。

部队上流行一种说法：年初出事，一年白干，年底出事，白干一年，连队出了这么大的事，先进和样板都是扯淡，本来要召开的总结经验会变成事故分析会。

八连出了大事故，从上到下一片灰色的情绪。

有人感到惋惜，有人感到憋气，也有人在做着各种猜测。一时间，各种议论纷纷而来。

营长说："团里请了地方精神病专家来协助调查，专家在他的笔记本里发现了许多牛头不对马嘴的东西，结合了解他生前工作生活情况，专家诊断他患有严重的精神抑郁症。我们对他进行了家访，他的父母说，这孩子从小是爷爷奶奶带大的，受的溺爱太多，经受的锻炼太少，性格孤僻，常常有不切实际的幻想，这些也间接证明了专家的诊断。"

某支委说："再怎么诊断也是死了人，这就是大事故！我们什么时候发生过这么丢人的事？现在外面的说法很多，说这个战士的死就是政治工作不过硬。明明只有一只手，非得到基层去干两只手才能干的工作，不出事才怪。"

▽ 当指导员期间在训练间隙做思想工作

△ 当指导员时与战士一起学习讨论

"一只手的人来这里逞什么能啊，这一次的确是'露了一手'。一个好端端的先进单位在他手里葬送了。"

"实践证明，丁晓兵不能在基层带兵，应该对他做工作调整。"

"事故定乾坤。连队出了这么大的事，不但单位受影响，个人成长进步同样要受影响。"

"丁晓兵，你根本不适应在部队工作，还是趁早转业吧。"

面对各种各样的议论，丁晓兵背上了沉重的思想包袱。那段时间，丁晓兵痛苦极了，每天关在屋子里，不敢出去见人，思前想后，越想越悲观，甚至想到了干脆转业，一了百了。

让丁晓兵感到欣慰的是，战士们给他写了一封联名信：

指导员，过去你经常给我们讲要勇于面对困难和挫折，现在轮到你了，我们不看你怎么说，要看你怎么做。在战场上，我们敬重你是一条汉子，在挫折和得失面前，我们也希望你是一条汉子！你不能倒下，八连也不能倒下！

这个字条是从门缝里塞进来的。看着字条，丁晓兵有些汗颜，觉得自己在挫折面前之所以如此消沉，不敢出门见人，是因为在长期的鲜花和掌声中淡忘了当初的决心，陷入了自我漩涡，把个人名利看得过重，只想到这次事故对自己的重大影响，觉得自己完了，辛苦白干了，在部队没前途了，却几乎没有想到连队的损失，现在八连尤其需要振奋精神，而不是跟着自己消沉下去。

战士们惊醒了丁晓兵，给他注入了强心剂，使丁晓兵有勇气反思自己，反思八连的工作。越反思，丁晓兵越觉得对不起死去的战士的父母，对不起八连。

在连队的干部会上，丁晓兵说："事故已经出了，造成了无可挽回的影响，这说明我们的政治工作没做好，思想工作不够细，作为党支部书记，我负全部责任。都说八连好，现在才是真正考验我们的时候，大家振作精神，再振雄风，决不能让这件事把八连打趴下！"

散会后，战士们邀丁晓兵打篮球，丁晓兵头一次摘掉假肢出现在战士们面前，大家都很惊讶。丁晓兵只说这样便于运动。只有他自己心里知道，这是向过去的丁晓兵告别。一直以来他在乎表面的东西，在乎自己在别人眼里的形象，背负的无形的东西太多，导致他无法走远，也走得太累。

丁晓兵平静地等待处理结果时，在笔记本上记下这么一段话：

怎样对待困难和挫折，这是对一个人意志的考验。在这场考验中，有两种态度，强者是直面挫折，弱者是逃避现实。自己是强者还是弱者？这个问题我已经想通了，所以我不在乎别人说什么，更不在乎个人得失，我相信组织更相信群众。

事故调查有了最后的结论：这是一起非责任事故。虽然工作中的确暴露出了一些问题，但丁晓兵还是一名比较优秀的政工干部。当听到这个结论后，丁晓兵的眼圈不由自主地红了。组织肯定了他在八连的工作成绩，免予处分。但考虑事故所造成的不良影响，免除了丁晓兵八连指导员的职务，调到团机关政治处当干事。

➜ 新闻干事也疯狂

★ ★ ★ ★ ★

丁晓兵离开八连那天，没有和战士们告别，一个人背着背包悄悄地走了。

初到机关，丁晓兵连个通知都不会发，把通信连写成了"通讯连"，闹出了不少笑话，挨了不少批。主任告诉丁晓兵，机关离不开笔杆子，而学写新闻是提高笔杆子的有效途径，让丁晓兵先好好学学写新闻。

于是，丁晓兵开始学写新闻。

写新闻本来就不是一个轻松差事，丁晓兵更是一脑袋糨糊，什么是消息，什么是通讯，什么是新闻五要素，他一无所知。为了补课，他买来了一大堆新闻写作的书，边学边试图发挥自己的"名人效应"。

刚开始时，丁晓兵认为自己搞新闻还是有些优势的。这些年，作为新闻人物，采访过他的媒体众多，很多记者成了他的好朋友。所以，他一厢情愿地认为，媒体朋友多，发稿子也就方便许多。

丁晓兵十分勤奋，不停地写稿送稿，去拜师，整日跑《无锡日报》、《新华日报》、《人民前线报》等军地媒体，每次去都会受到朋友的热情款待。但感情是感情，热情归热情，原则是原则，朋友们对丁晓兵写的稿件并没有网开一面，他送的稿件都泥牛入海，没了下落。

他的"处女作"有点惨淡。丁晓兵有一次在基层摸到了一条线索，跟报社的编辑打电话汇报了一下情况，编辑说可以写。丁晓兵写了三天，共1500字，送到报社，编辑说可以发。当时丁晓兵激动坏了，逢人便说他的稿子明天见报。第二天，丁晓兵守在传达室，报纸一来，丁晓兵到处找，心想1500字的新闻肯定有很大一块，应该配着大标题。于是，他从大块头大标题开始找自己的文章，可从一版到最后一版，都没找到，又找小消息，还是没找到，最后在一个角落里终于找到了，是一句话新闻，加标题62个字，而且他还是第二作者，当时丁晓兵羞得恨不得找个洞钻进去，一股脑把机关所有的那份报纸都藏了起来。

回到家，丁晓兵写下勤能补拙、笨鸟先飞的警句，压在书桌玻璃板下，用以自勉。

接下来的半年时间，丁晓兵不再忙着投稿，而是找来《人民前线报》合订本，一篇一篇认真研究，慢慢就看出了门道，知道了什么是导语，什么是结构，什么是背景材料，什么是新闻要素，什么是新闻体裁。

找到了感觉，丁晓兵开始模仿着写。春节到了，写拥政爱民的稿件，八一到了，写发扬光荣传统的稿件，教师节到了，写尊师重教的文章……一年算下来，大大小小的节日几十个，丁晓兵觉得大有作为。

丁晓兵又开始了写稿投稿的循环往复，稿件还是很少见报。新闻看似容易成则难，看着报纸上一篇篇不长的稿子，丁晓兵一筹莫展。后来，有人指点丁晓兵，新闻靠的是新，如果只是一味模仿，永远也突破不了。

一语惊醒梦中人。从那一刻，丁晓兵才算在新闻上开了窍，是真正上了路，厚积薄发的他一发不可收，他的上稿率越来越高，一年就上了一百多篇，平均三天就有一篇，其中三篇头版头条，两篇获军区征文一等奖，还被军区评为新闻工作先进个人。

周围的人都感到很惊讶，没想到丁晓兵武有一套，文也玩得很转。人们都喜欢从表象上看热闹，没有看到丁晓兵成功背后所付出的艰辛。

那段时间，他从没有在零点前睡过觉。部队在太湖边，水草茂盛，一到夏天，蚊子特别多，丁晓兵又很招蚊子咬，蚊子叮其他地方还好办，若是叮在左手或左臂上，他就打不着了，只好往墙上蹭，几天下来，把墙蹭得血迹斑斑，十分难看。

后来，陶婉珠只好在左面墙上贴了一张大白纸，脏了就换掉，一个夏天下来，白纸都换掉十来张。

丁晓兵从来不搞吃喝送礼，唯一送过的一次礼也是因为发稿子。

当时，军区报社的一位老主任对丁晓兵很关照，多次帮丁晓兵看稿改稿，对他帮助很大。丁晓兵十分感激他。丁晓兵每月工资不到一百元。他还是咬咬牙花了三十来块钱，买了一箱饮料往老主任家送。老主任家住六楼，没有电梯，等爬到主任家门口，丁晓兵已经是大汗淋漓。

老主任见丁晓兵用一只胳膊给他扛来了一箱饮料，大为感动，看他一身汗都透了，赶紧找来一套内衣，让丁晓兵洗了个澡，还做了一桌丰盛的晚餐招待他。从那以后，老主任成了丁晓兵生活中很好的兄长和写新闻的老师。

搞新闻对丁晓兵的启发很大，不仅锻炼了他的写作能力，收

人民前线
RENMIN QIANXIAN
抉择无悔
——记营长王平的妻子王欢
抉择可贵 无悔更嘉
学友·战友·诤友
五连三名干部的故事
他“拉”伯父回家乡投资办厂
伯父“拉”他去国外继承产业
军人的老父亲，车费就免了
杨市镇为驻军设立成才基金
与工厂党员同过党日
情到“痛处”“劲”自添
八连干部个个都会推拿按摩

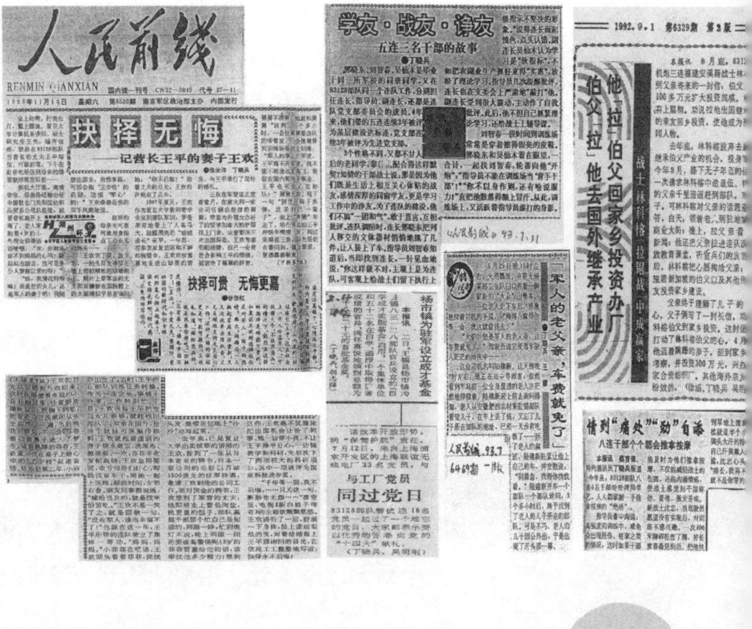

▷ 发表的部分新闻稿件

获了成功，更让丁晓兵换了一个角度看自己，发现了部队生活的丰富多彩，发现了战友们的智慧可爱，特别是在挖掘各种新闻线索背后故事时，常常被战友的精神所感动，有太多东西值得学习和借鉴，使丁晓兵进一步认识到自己的不足和短处，心里连悄悄的狂妄也不敢了。

➙ "火烧"二营

★★★★★

刚在机关找到感觉，一纸调令，丁晓兵被任命为二营教导员。

八连是全军"出名挂号"的先进连队，二营却是全师基础较差的营。对丁晓兵去二营任职，战友们觉得风险太大，毕竟，丁晓兵在八连出事不久，在机关好不容易才打了翻身仗，弄不好，又是前功尽弃。组织上也是顶着压力，论任职年限，丁晓兵前面还有四名老同志在等位置，论工作能力，丁晓兵认为自己也并不比别人强。但团党委认为，二营需要有人采取超常措施来带领。而这个人，非丁晓兵莫属。

丁晓兵未上任时，就已经了解二营建设之所以滞后，关键在于缺乏一股不畏艰险、勇争第一的士气和勇气。而丁晓兵身上，恰恰有他们需要的这两股"气"。

丁晓兵上任是在一个冬日，部队正在训练，可二营训练场上却冷冷清清，完全没有热火朝天的训练场景，稀稀拉拉几个兵无力地走着软塌塌的队列，口号声无力杂乱。

丁晓兵问值班干部，怎么只有这么几个人参加训练。值班干部说有六个战士请了病假，七个战士请了事假。

战士们都在想方设法磨洋工。部队士气怎么鼓起来？部队训练这把火怎么烧起来？官兵积极性怎么调动起来？丁晓兵一时也没有什么好办法，他决定从折腾自己做起。在冬训动员会上，丁晓兵说："冬练三九，夏练三伏，练的是什么？练的不只是技能，更重要的是吃苦精神。同样是练，别人练出了好成绩，受了表扬，我们为什么不能？从今天起，我和大家一起训练，一起参加考核！如果你们发现我不出操，你们就可以不起床，除了单双杠，其他任何一项训练成绩，如果我不达标，你们就可以不训练，总之一句话，向我看齐！"

战士们看怪物一样看着丁晓兵，有人怀疑他在吹牛，只有一条胳膊他凭什么敢这么叫板？有人说只要他一只手能做到，咱也能做到。

丁晓兵不怕较劲，只要二营官兵和他较上了劲，二营就随着他的改造步伐前进了一步。丁晓兵还真和自己较上了劲，在二营官兵将信将疑的眼神里，丁晓兵不再说任何豪言壮语，甚至不再说一个字，冲上去就训练，开始摸爬滚打。

二营的官兵被镇住了：教导员玩真的！

在丁晓兵的带领和示范下，连队泡病号的战士也陆陆续续走出来，站在了队伍里。他们嘀嘀咕咕地议论着，值班干部吼了一句："废什么话？就照着教导员的样子练！"

训练场上的情形好了起来，开始有了些热乎劲。但丁晓兵知道，要想把士气提起来可不是这么容易的事，毕竟他们已经习惯这种现状，把争先创优的老传统丢得差不多了，必须找机会烧把火，把他们烫醒。

契机来得很快。不久，团里组织了一次为期十天的野营拉练，丁晓兵认为这是一个提高士气的好机会。前九天，三个营各有输赢，不分伯仲。第十天，眼见着目的地就要到了，大家也累到了极限，任干部们怎么喊口号鼓劲，战士们也跑不动了。由于连日来的奔波，丁晓兵脚上一个鸡眼长大了一倍，疼得他一瘸一拐的，还摔了跤，但他始终走在最前列。

卫生员和营里其他干部都劝他坐车，按照规定，伤病员可以坐车。丁晓兵却停下脚步，脱下鞋袜，从卫生员那里拿了一把小手术刀，一刀下去，剜掉了鸡眼。

顿时，鲜血直流。

周围的人都看呆了。丁晓兵没事人一样重新穿好鞋袜，站起来，还在地上跳了跳，命令通信员吹集合哨。集合后，二营所有官兵都不约而同地盯着丁晓兵渗血的鞋子看。丁晓兵说："同志们，我知道大家很累，我也很累，但是，我们距离营区只剩5公里了，什么叫决定胜利的是最后几步？现在就到了最后几步，到了考验咱们二营的关键时候。"丁晓兵振臂高呼："当兵的对自己要狠一些！同志们，跟我冲啊！胜利是属于我们二营的！"

然后，丁晓兵率先冲了出去，他身后，几个血染的脚印异常鲜亮。二营官兵愣了片刻，都叫了起来，不顾一切地踩着丁晓兵的脚印全速飞奔，二营所过之处，其他营的官兵都看呆了。

他们超过了一营，超过了三营，最终，二营第一个返回营区。事后，在全团训练总结大会上，二营受到了久违的表扬，赢得了所有人的钦佩。虽然这只是一件小事，但听惯了批评的二营官兵却看到了希望，重新拥有了自信和前进的动力。

丁晓兵这第一把火，烧旺了二营。

征服摩托车

★★★★★

　　一个周末，丁晓兵骑着自行车，带着妻子和儿子出去玩，妻子坐后面，儿子坐前面，去的时候是下坡，显得比较轻松。回来的时候是上坡，丁晓兵骑得很吃力，儿子一直在喊加油，可骑到一半，丁晓兵实在骑不动了，浑身都湿透了，一家三口只好下来，推着车子走。

　　这时，有个小青年骑着摩托车，后面载着女友，风驰电掣地过来，很拉风。看到丁晓兵的狼狈相，两人非常得意，故意把速度放慢了下来，笑眯眯打着招呼，说了声"Bye Bye！"然后一踩油门，飞驰而去。

　　这个情节让陶婉珠有些失落，对丁晓兵说："给你当老婆，这辈子是找不到这种感觉了！"她这句半开玩笑的感叹话，并没有埋怨丁晓兵的意思。但丁晓兵是个敏感、自尊心又很强的人，最不愿意承认自己和正常人有区别这个事实。

　　陶婉珠的话让他心里很不是滋味，一路上沉闷不语。陶婉珠意识到自己说错了，讪笑着试图挽回影响："我不是那个意思，随便说说的，你别往心里去啊。"

　　丁晓兵还是往心里去了，他觉得妻子越是随便说说越是她的心里话。回家后，丁晓兵把家里的全部积蓄 3000 块钱找了出来，又借了 1000 块钱，瞒着陶婉珠买了辆摩托车。

丁晓兵把摩托车藏在一个没人知道的地方。每天晚上，营部通信员帮他把摩托车推到训练场，一个人在那儿偷偷地练。摩托车不像自行车，自行车只管操纵方向，偶尔刹车，一只手也能搞定，而摩托车就没那么简单了，两只手除了掌握方向，还有其他分工，这样一来，一只手就显得有些困难了。刚开始手忙脚乱，摩托车的速度又快，免不了摔得浑身是伤，但丁晓兵依然没有放弃。吃了很多苦，想了很多法子，终于，他学会了骑摩托车。

　　学会后，丁晓兵也没有做声，他在等待一个机会，让他和妻子充分挽回面子。

　　没几天，二营拉练，丁晓兵让部队先走。他自己骑着摩托车去

▽ 给干部辅导电脑知识

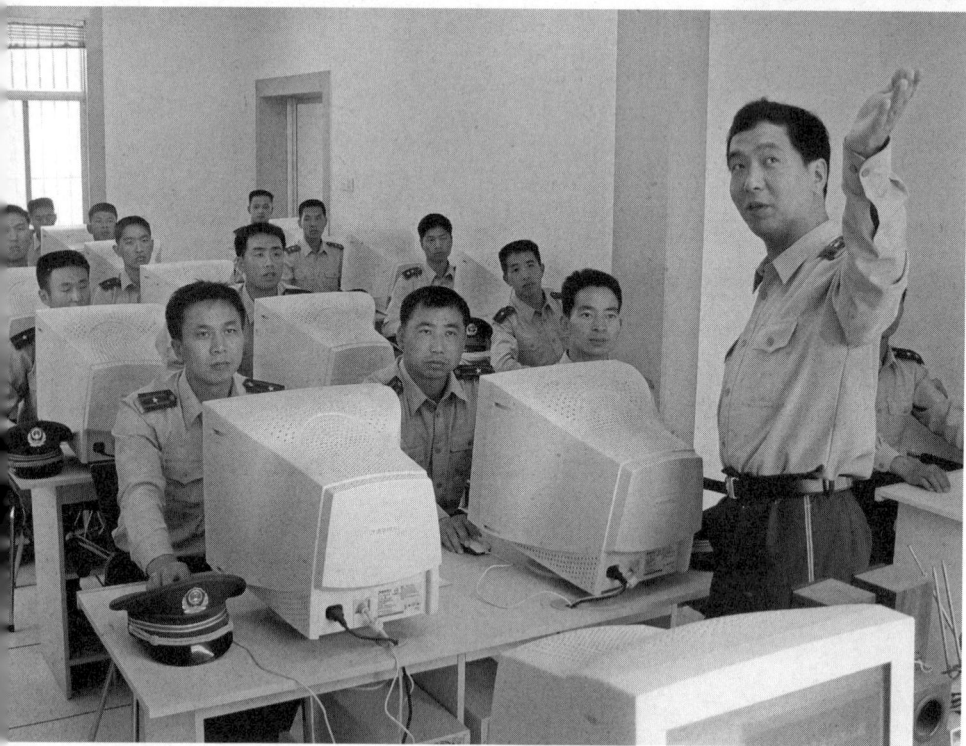

了团部卫生队，找到在那里当军医的妻子。陶婉珠看到丁晓兵骑着摩托车来找他，当场就傻眼了。

丁晓兵招呼妻子上了车，一脚油门，摩托车就蹿了出去，陶婉珠吓得死死抱着他的腰，一句话也不敢说。丁晓兵一路加速，直加到70迈。没一会儿，丁晓兵就追上了拉练的二营官兵，营长和官兵们不约而同地停下脚步，很诧异地向丁晓兵和陶婉珠行着注目礼，他们都看傻了。

陶婉珠也活泛起来，紧紧抱着丁晓兵的腰，发自真心地说："丁晓兵，你还真行啊！"

听着妻子真诚的吹捧，感受着官兵们惊诧佩服的眼神，丁晓兵那男人的虚荣心得到了极大的满足。

丁晓兵载着妻子，绕着城外转了一大圈才返回部队。进大门时，正巧政委和副团长经过。政委揉揉眼睛问副团长："刚才骑摩托车进去的那小子是谁？是丁晓兵吗？"副团长说："可不是那小子。"政委惊得下巴都差点掉下来："他……怎么会骑摩托车？"副团长说："这小子啥不敢干？别说骑摩托车，就是说丁晓兵开飞机我也信！"政委这下乐了："好！我就喜欢他这个劲，二营交给他，有戏！"

丁晓兵当然没有忘乎所以，挑战自己、证明自己是一回事，安全是一回事。丁晓兵必须要对自己、对家人、对部队负责。第二天，他就把摩托车赔钱卖了。

后来丁晓兵谈到这件事时说："我相信人是有巨大潜能的。而这种潜能的开发，不但需要我们主观努力，还需要外部环境的刺激、诱导或者逼迫。我觉得干什么都要挑战自己，挑战成功能带给自己不可想象的激励。有时我会给自己设计一个看似高不可攀的目标，往往能激发自己存在的巨大能量和潜力。所以，我从不拒绝困难拒绝挑战。"

➡ 和歹徒玩"心理战"

★★★★★

　　1995 年的一天，丁晓兵一家三口从云南休假结束乘客车返回部队。当客车驶入四川境内时，在陡峭僻静的路上突然闪出四个彪形大汉，他们高声叫喊："停车，赶快停车!"车还未停稳，车门"咣"的一声响，四个人杀气腾腾地冲了上来。

　　这几个人一看就不是什么好东西，车上旅客惴惴不安，恐慌顿时弥漫了整个车厢。丁晓兵本来是靠窗坐在里面的，出于保护陶婉珠和儿子的考虑，就把他们推到里面坐，自己则坐在靠过道的座位上。靠近丁晓兵座位边有一个灭火器，丁晓兵跷起二郎腿，用脚尖顶着灭火器。他想，只要他们敢动手，他就挑起灭火器当武器。

　　果然，四人上车没多久，为首那个长着满脸横肉、光着膀子的家伙突然拔出一把二三十厘米的尖刀，在手里晃来晃去，左右环顾了一番。突然，他发现了穿着军装的丁晓兵，这显然出乎他们的意料，脸上的肉抽动了一下，马上又松弛了下来，他发现丁晓兵只有一只胳膊。

　　那个家伙晃荡到客车前面，满不在乎地在司机座位旁的发动机盖上叉开双腿坐了下来，两眼射着凶光，死死地盯着与他相距一米多远的丁晓兵。丁晓兵毫不示弱地与他对视着，丁晓兵学过心理学，他知道按心理学分析，匪首的这个坐姿其实是内心恐惧担心、有所顾忌又虚张声势的表现。丁晓兵

△ 练习打靶

心理很清楚，匪首在试探他，也是在向他示威，跟他较劲。

这时候，两个人斗的就是一股气，丁晓兵是正气，匪首是邪气，如果丁晓兵表现出丝毫的软弱或畏惧，这伙人就可能肆无忌惮地实施抢劫暴行，这一车人就会倒霉。当兵的人不管自己身体素质怎么样，在那种时候总比别人多出些责任感。丁晓兵当时也毫不犹豫地把那一车旅客的安危系在了自己身上。他头脑快速地运转，想着怎么对付那帮家伙。

当然，动手不是最佳选择，对方人多势众，丁晓兵只有一只手，真打起来，胜负难料。若是不能取胜，还是保护不了一车人。所以，最好的办法是能在心理上战胜那个匪首。那一刻，丁晓兵心里很清楚，他们在进行心理较量，谁先泄气谁输。

车厢里出奇的静，空气似乎都凝固了，所有人都高度紧张，没有一个人说话。丁陶的小手伸过来，抓着丁晓兵的手，小手心里全是汗。丁晓兵用力握了握儿子的手，暗示他不要怕。

丁晓兵也做着最坏的打算，在盯紧匪首的同时，用余光看着灭火器。心想，若是匪首起身过来，就立刻挑起灭火器，上去就让他开瓢。先下手为强，擒贼先擒王，只要匪首被制服了，其余三个也就不在话下了。

正邪两股气在空气中胶着搏击，进行着看不见的激烈争斗。丁晓兵心里一直给自己打气，一切邪恶都是纸老虎，你硬他就软，你软他就硬，怕什么也不能怕邪恶。

再坏的人也脱离不了社会道德体系的束缚，所以人在做坏事时就算给自己找足一百个理由，他还是心虚。丁晓兵和那匪首大约僵持了十多分钟，匪首终于败下阵来，慢慢把目光转向了别处。

丁晓兵心里松了口气，知道自己已经胜利了，全车乘客的安全有保障了。果然不出所料，汽车到了一个路口，为首那人用刀背拍了拍司机的方向盘，气呼呼地说："停车！"四人匆匆地下了车。下车前，那个匪首还狠狠地瞪了丁晓兵一眼。

这伙人下车离去后，车内爆发出热烈的掌声。陶婉珠自豪地偎依在丁晓兵胸前，丁陶也向父亲竖起了大拇指。

→ 清淤丹阳湖

☆☆☆☆☆

丹阳湖是安徽的一个内陆湖，每年雨季，水满为患，危及湖区人民生命财产的安全。部队年年抗洪，丹阳湖却始终是一个无法根治的隐患。1996年1月，时值冬日，湖水干涸，正是治理丹阳湖的最好时机。丁晓兵所在师奉命参加丹阳湖清淤筑堤工程。二营也属于任务单位，听说丹阳湖的劳动很艰苦，不少人为二营发愁，生怕他们扛不住。

丁晓兵却不这么想，以他的一贯思维方式，越是挑战，越是锻炼部队、提高凝聚力、促进官兵关系的机会。特别是在和平时期，这样艰苦的环境哪里找，这是送上门来的锤炼部队的机会。丁晓兵盘算好了，一定要抓住这个契机，带领全营官兵打一个翻身仗，彻底甩掉落后的帽子。

到丹阳湖一看，条件还真是艰苦。首先是施工环境苦。正是枯水期，距离湖岸百余米的地方全是淤泥，筑堤需要的泥都取自这里。没有路，深一脚浅一脚全是泥浆，肩上还挑着沉重的泥筐，

▽ 清淤丹阳湖

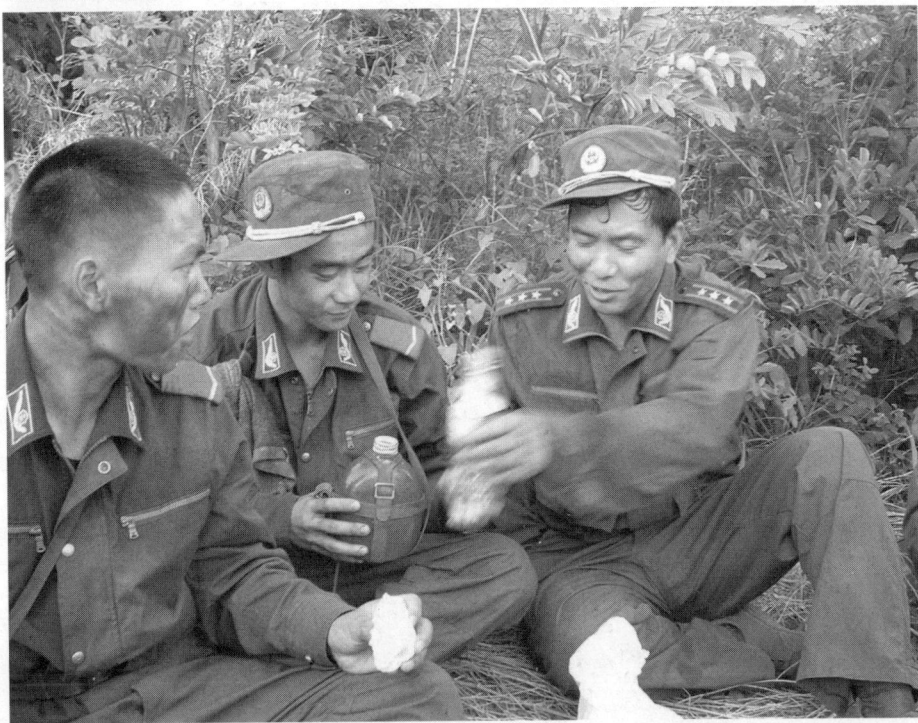

一不小心就滑一跤。其次是天气恶劣。丹阳湖畔，大雪纷飞，凛冽的寒风夹杂着雪花吹打在脸上，钻进衣领袖口，冻得人没处躲没处藏，原来就泥泞的地面更加湿滑。再次是生活条件艰苦。部队全部住帐篷，晚上零下好几摄氏度，北风挟裹着雪粒子飕飕往帐篷里钻，也往人骨头缝里钻。本来白天干活累得要死，到晚上却冻得睡不着，早上起来，昨天糊满泥浆水的棉袄棉裤冻成了型，穿在身上咯吱咯吱响。

在这样的条件下，上级要求每人每天清淤 5 方，而且一干就是两个月，很容易让人疲劳、急躁，甚至厌倦。丁晓兵明白，这种情况下，必须充分发挥干部的模范带头作用。

每天早上，丁晓兵总是第一个跳起来，手脚麻利地穿上冰凉的棉衣裤。教导员这样，谁也不好意思赖床。二营每天都是第一个走上湖堤。第一天，丁晓兵看到几个连队干部光说不干，站在堤坝上指手画脚，丁晓兵也不说他们，脱掉棉大衣，拿起最大的筐，跳下堤坝说："我没法挖，只能抬，谁给我铲淤？"

大家愣了片刻，一个干部学着他的样子脱掉了大衣，跳下了堤坝，其他的干部也纷纷跳下了堤坝，热火朝天地干起来。接下来的日子里，不论雪多大风多急天多冷，丁晓兵始终在工地上和战士们一起抬大筐。和挖土相比，抬大筐是重体力活，一百多斤的大筐压在肩上，既要爬坡，又要登高，一步也不能偷懒。丹阳湖堤坝陡峭，坡度有 45 度，人上堤坝的时候要手脚并用，像蜘蛛一样。别人手脚并用是四个支点，丁晓兵只有三个支点，肩上还扛着沉重的大筐，经常爬到一半，又滚了下去，一筐土砸在身上，糊得泥人一样。大家都劝丁晓兵别干了，但他还是坚持干。喊破嗓子，不如干出样子，丁晓兵要靠自己的带头作用带动部队。

何况，丁晓兵觉得，人不能自己娇自己，那样就没斗志了，特别是他这样的人，没有斗志，就没有了一切。自己在劳动中起模范带头作用，并不仅仅是出于一个政工干部的工作需要，更是完善自我超越自我的需要。

抬筐中，丁晓兵只能用左肩，而和他搭档的战士习惯用右肩，两个人走在一起，看上去十分别扭，他俩走起来更别扭。几趟下来，丁晓兵的肩膀就磨破了。搭档的战士悄悄把大筐向后移了移，丁晓兵感觉肩头一轻，回头一看，立刻明白了。战士这个细微的动作是在默默中完成的，这默默的举动却让丁晓兵格外感动。交谈中，战士说十分佩服丁晓兵这样的英雄，跟着他干，心里就烧起了一把火，浑身有使不完的劲。

在丹阳湖，劳动是挑战，吃饭也是考验。

为了赶进度，炊事班都是把饭送到堤坝上。饭一打好，必须得争分夺秒地吃，因为太冷了，吃得速度稍慢点，油会凝住，汤会结冰碴儿。

丁晓兵和大家一样也在堤坝上吃饭，他端不了碗，又没桌子，只好把一个膝盖拱起来，把碗放在膝盖上，扒拉着吃，一不小心，饭碗就倒了，汤汤水水洒一身，只好再盛一碗，接着吃，纷纷扬扬的雪花落在碗里，饭已经冻成冰碴儿，丁晓兵就咯吱咯吱地咬着冰碴儿。

丁晓兵自己没觉得啥，大家却看不下去了，非让他到帐篷里去吃。丁晓兵不想别人老照顾他，就打哈哈："来回浪费时间，再说大家不都在外面吃吗？"

一个战士说："教导员，您毕竟跟我们不一样，您身体不好，没人说您搞特殊。"

丁晓兵霍地站起身，伸出左手说："谁说我身体不好？小伙子，你敢跟我掰手腕吗？咱俩比比，看谁身体棒。"

丁晓兵掰手腕全营无敌，战士不敢应战。

就这样，丁晓兵带领二营官兵在丹阳湖苦战了55天。从前的被支援对象二营，不但第一个完成了任务，还去支援其他营，最终，二营扛回了全团唯一一面"施工先进营"的红旗，这也是二营这几年来得到的第一个荣誉。部队撤回的那天，二营的官兵相拥在大堤上，有笑声，有泪水，更有酣畅的口号声。

丁晓兵在二营当了四年教导员，从第二年开始，二营就连年被师里评为先进营。他个人也被评为"优秀干部标兵"。

权力考验

　　位不在高，为公则名。权不在大，爱兵则灵。吾是公仆，掌权为兵。胸怀大目标，宗旨律己行。躬身干事业，弘扬求实风。心中有群众，廉明公。无虚谎之乱身，无取宠之劣行。军中诸楷模，余辈之先锋。领袖云："立党为公"。

　　用权要做到"三不怕"：不怕别人说无情，不怕别人说没用，不怕别人说没钱。

——丁晓兵语录

→ 风口浪尖

★★★★★

2001 年，丁晓兵所在团队受领了一项特殊任务：去浙江某海关执行监管任务。

浙江沿海舟山群岛，是我国第一大群岛。90 年代末，东南沿海走私泛滥，殃及舟山，当年轰动全国的"厦门远华走私案"的烟草就是从此地转销的，可以说，这里是拒腐防变的风口浪尖。总部领导在对任务作调研后，明确指示要加强这个方向的领导力量。团党委决定，派一名常委去带队。党委会上，已经任团政治处主任的丁晓兵主动请缨。

许多朋友都劝丁晓兵别当这出头椽子，海关毕竟是高风险的雷区，情况复杂。常言道，常在河边走，哪有不湿鞋。就算自己不愿湿，浪花也要扑上来。稍不留心，就可能失足，搞不好会断送政治前途的。丁晓兵当政治处主任已经五个年头，万一有点闪失，连作检查的机会都没有。

丁晓兵当然很清楚这些。但高风险恰恰是他主动请缨的原因。丁晓兵喜欢丰富多彩的人生，喜欢把自己放在风口浪尖，喜欢跟自己过不去。用陶婉珠的话说就是，这和丁晓兵少了只胳膊有关。少了只胳膊，又不肯承认自己不如正常人，丁晓兵为了证明自己行，只得不停地把自己往最艰险最困难的位置上推，通过一次次解决困难，增加自信。于是，丁晓兵越来越渴望那些别人唯恐避之不及的急风险浪。丁晓兵还认为，越是有风险，越能考验人，越是这种复杂的环境越能磨炼、提高他处理问题的才能，能带给他自我满足的快乐。

所以，当有人对担负这种有风险的任务表现出忧心忡忡时，丁晓兵坚定乐观，坚信身正不怕影子斜，只要软的硬的全不吃，走私犯罪分子又能怎么样。

海关的同志提前为丁晓兵在一家高级酒店预订了房间，部队一到，就把丁晓兵请到了那里。

丁晓兵从未见过这么豪华的地方：法国地毯、意大利水晶灯、瑞士家具，连抽水马桶都是美国货。对海关的款待丁晓兵当然是

▽ 在海关办公

赞不绝口，夸完了，却表态说他不能住那里。接待的同志愣了一下，问他是不是有什么不满意，只管提。丁晓兵说太满意了，但他住这里离战士太远，工作起来不方便，还是和战士们一块住的好。

　　海关的同志见丁晓兵说的不是客气话，只好随他走出宾馆。丁晓兵登上上级给他配的一辆老式北京吉普车准备走，负责接待的同志又把他拉下来，一挥手，跟演电影似的，一辆崭新的轿车开过来，停在了丁晓兵身边。

　　他们说："好房子不住就不住吧，这辆车总得换换吧，再说开这个老掉牙的吉普车，既有损形象，没准儿还耽误工作。"

　　丁晓兵和所有男人一样喜欢车，喜欢好车，但喜欢的东西不一定有权力拥有。丁晓兵说："车是好车，我也真喜欢，不过，还是

▽ 海关执勤

按规定来吧。上级配啥车我就坐啥车。我是来工作的，你们千万别再跟我这么客气了。再见!"

丁晓兵后来在海关一年多，他就一直坐着这辆车跑值勤点，也闹过几次笑话。

有一次警民联欢会，地方领导把丁晓兵送上车，挥手道别时，他的车却怎么也打不着火，和司机折腾了半天，大家帮着一起推车，大家笑得直不起腰，说老丁你看你这车丢不丢人呢。

还有一次大夏天，在高速公路上，车又熄火了，丁晓兵光着膀子一只手去推，路过的司机看着他那模样都笑个不停。

司机也曾向他抱怨："主任，我开这车都觉得丢人。"

丁晓兵一脸严肃地说："丢人总比丢原则强。"

司机悄悄地不敢说话了。

很快，丁晓兵带的兵在当地以纪律严明、素质全面过硬而闻名，在老百姓心中信誉极高，随着他的人气指数一路飙升，加上丁晓兵本来就有名气，当地名流都以结交他为荣耀。有一次，当地一家知名公司请丁晓兵参观他们公司，参观结束后，老板提出了个请求。

老板说，最近公司安全环境不怎么好，问丁晓兵能不能派几个兵帮他们站哨?

这个老板是个安分守己的生意人，提出这种请求也是因为信任武警官兵，但这样违反部队纪律的事丁晓兵不可能做。

丁晓兵沉吟不语，考虑该怎么拒绝他才不伤相互面子。老板见丁晓兵不说话，又说："丁主任放心，我既不会亏待你的战士更不会亏待你，这样吧，除了给部队的报酬，每年再给丁主任8万块钱好处费，你看这样可以吧?"

丁晓兵笑了。显然，老板误会了丁晓兵的意思。老板见丁晓兵笑了，高兴得直搓手，还呵呵地笑。这下，老板进一步误会了他的意思。

丁晓兵说："好啊，那你就给我们团党委打个报告吧，只要上级能批准，我立刻给你派兵。"

老板急了，说："这怎么行？你们部队的规定我也略知一二，部队是不允许有偿用兵的，这个报告递上去，不可能批呀！"

丁晓兵说："既然上级不批准，我哪里有权力动一兵一卒？"

这位老板终于明白，丁晓兵并无跟他合作的诚意。之后他们还见过面，老板对丁晓兵更客气，再也没提过派兵的事。

丁晓兵在海关待了一年多，分管的两个连队，先后拒贿34次，查获走私案件121起，案值2900多万元。分管的两个连队，一个荣立集体三等功，一个被武警总部表彰为先进单位。

部队撤回后，大家对丁晓兵在这么复杂的环境中还能取得一些成绩，都很佩服。

丁晓兵说："人可以在特定的环境下闯过生死关，但在巨大的利益诱惑面前要想保持本色，就必须有超越生死的勇气和意志。"

➡ 当官的"头疼"事

★★★★★

2002年，丁晓兵提任为团政委，时年37岁。

面对组织信任和群众的认可，丁晓兵决心在这个岗位上好好努力，用工作成绩回报组织和群众。

这官并不好当，丁晓兵在政委的位置上屁股还没坐热，就遇到了三件头疼事。

第一个头疼事：

当时部队搞自来水工程改造，地方一家施工队的老板，打着丁晓兵战友朋友的名头，带着两盒茶叶到丁晓兵家里拜访，说前来承包工程。

丁晓兵很痛快地告诉他工程是公开招标的，欢迎来竞标，进行公平竞争。老板说，竞不竞得上还不是你一句话，还说真搞成了，保证不亏待他。

丁晓兵听他这么说，心里有些恼了，忍着不耐烦说，我们是集体领导，集体决策，个人说了不算数，再说了，党委成员有分工，我不分管这项工作，说了也没用。

老板见话不投机，硬是留下两盒"茶叶"，悻悻地走了。

丁晓兵打开茶叶盒一看，里面装的是两万元现金。

第二天，丁晓兵把这两盒特殊的"茶叶"提到党委会上，给大家讲了它不同寻常的来历，并建议取消这位老板的竞标资格，并让人设法退还了这两盒"茶叶"。

没几天，丁晓兵的老战友来电话。电话里，战友很不高兴，说丁晓兵不给他面子，还说丁晓兵傻，不识时务，甚至告诫丁晓兵，水至清则无鱼，人至察则无徒，这样搞下去，只会越来越孤立。丁晓兵很生气，对战友重申了自己做人的原则，战友气呼呼地挂了电话，多年的战友情就这样结束了。

一波刚平，一波又起。一年一度的军校招生工作开始了，安徽籍战士小彭的父亲提着大包小包的土特产，来找老乡丁晓兵。彭父说小彭想考学，请丁晓兵看在老乡的份上帮个忙。丁晓兵告诉他，考学凭的是本事，谁说了也不算，让他把东西拿回去。

陶婉珠更绝，一边帮丁晓兵的腔，一边笑眯眯地把小彭的父亲推出了家门。关上家门，她还愤愤然地嘟囔："这些人真讨厌，大包小包的，让邻居看见什么影响嘛，简直是侮辱我的人格。"

丁晓兵在一边觉得有点过意不去，就说："婉珠，咱不收礼，只是一点面子不给人家留，好像也不太好。这些送礼的人也并非心甘情愿，是受了不良社会风气的影响，他来求我，肯定也是经历了一番思想斗争，人求人难死人呢！"

陶婉珠有点不好意思了，说以后她会注意一点，尽量不发火，以德服人。

在二十多年的婚姻生活中，丁晓兵越来越觉得娶对了老婆，有多少出了问题的领导干部都是因为老婆的贪婪甚至帮凶，最终带着老婆一块儿滚下了阴沟。而陶婉珠的正派为丁晓兵把住了很多关口。她从来不过问丁晓兵工作上的事，有人托她找丁晓兵办事，她也从未应承过。

人被陶婉珠送出了门，事情却没完。第二天，小彭的父亲又来了。陶婉珠客气地把他让进门，悄悄提醒丁晓兵注意态度。丁晓兵也笑脸相迎。小彭的父亲抓住丁晓兵的手，顺势把一个红包塞在他手里："弟妹说得对，咱都是安徽老乡嘛，人不亲水还亲呢，这点心意你无论如何要收下。"

原来他以为丁晓兵昨天是嫌礼轻，今天直接拿钱说话了。这下丁晓兵真火了，正色地跟他说："军校考试是公开公正的，如果我今天收了你的红包，你还会相信部队吗？这种事我不干！"

陶婉珠也忘了以德服人，又把人往外赶："就是，难道你在单位不拿好处就不给人家办事吗？真是侮辱人！我们还有事要出去，你请回吧！"

彭父只得面红耳赤地走了。

陶婉珠突然意识到又没给人家面子，问丁晓兵："咱不是说要注意态度的吗？"

丁晓兵没好气地说："碰到这种事，我注意不了。"

如果说这两件事还好解决，那陶婉珠职称的事却真让丁晓兵头疼。陶婉珠兵龄比丁晓兵长，当干部比他早。为了丁晓兵，她放弃省会城市大医院的工作，跟着丁晓兵扎在山沟沟的部队，成了团卫生队的司药。专业不对口，职称受限制，好强的陶婉珠常常觉得憋屈。她快四十岁了，当年和她一同工作的小姐妹们早就是中、高级职称了，她却还是个初级职称。她不平衡了，跟丁晓兵商量，希望丈夫能帮她把职称调一调。丁晓兵当然也希望自己媳妇好，就向有关部门咨询了情况，可人家说按规定团卫生队司药只能是初级职称，丁晓兵只好如实告诉陶婉珠，职称这事不要想了，没可能。

陶婉珠不高兴，可也没办法，她知道丁晓兵不会为了这事去跑关系找人，那不是他的风格。亲戚们知道这事后，纷纷为陶婉珠打抱不平，跑到他家里"讨伐"丁晓兵，说他对家庭不负责，陶婉珠为了你丁晓兵奉献了事业，耽误了职称，现在不管不顾就是不讲良心。

眼看丁晓兵被骂得灰头灰脸，陶婉珠赶紧替他打圆场，大肆讴歌丁晓兵对家庭的巨大贡献，说她的衣服、丝巾、化妆品都是丁晓兵买的，说丁晓兵只要有时间就酷爱做家务，说别看丁晓兵只有一只手，切土豆丝那是一绝，电视台都来录过像呢！

讨伐会很快变成了歌功颂德会，亲戚们恨铁不成钢地对陶婉珠说："你们还真是两口子吵架不记仇，我们再也不管你们的闲事了。"

亲戚们走后，丁晓兵大大地夸奖陶婉珠一回，她虽表面上还怨丁晓兵，心里却很高兴，摊上这样一位老公，没辙。

人与人的关系就是这么复杂，战友、老乡、亲友，一层又一层，像一张张无形的网，裹得人喘不上气。对待这类头疼事，丁晓兵总结了三不怕：不怕别人说无情，不怕别人说没用，不怕别人说没钱。正是这"三不怕"，使丁晓兵面对形形色色的干扰、诱惑，能油盐不进，刀枪不入。

➡ 母亲的背影

★★★★★

每逢佳节倍思亲。2003 年春节，按惯例在部队值班的丁晓兵又不能回家看望父母。当兵二十年，他很少回家看看，每每想到此，丁晓兵就觉得内疚，特别是当想到父母年老体弱，弟弟弟媳双双下岗，家中困难重重，情绪更是低落。

当时部队工资不高，丁晓兵夫妇省吃俭用也剩不下多少，对家里的帮助心有余而力不足。工作生活中有再多再大的困

△ 2003年在淮河抗洪前线

难丁晓兵都不惧，遇到家里的事却是丝毫没有办法。丁晓兵正一筹莫展的时候，母亲和弟弟丁文新突然来了，身后还跟了一辆大卡车，车上盖着一块大苫布。

天格外冷，母亲从大卡车上下来，冻僵的手脚不听使唤，站在地上半天不能挪动。六七十岁的人了，千里迢迢坐大卡车来，怎么受得了这一路风寒？丁晓兵心疼地责怪弟弟。母亲却说火车票太贵，还不好买，是她自己坚持要坐大卡车的。

丁文新指指车上，嗫嚅着说有事求丁晓兵。

原来丁文新听说山东寿光蔬菜便宜，跑一趟能挣个一两千块钱，没想到，辛辛苦苦把菜拉回了家却卖不出去，买菜的钱还是借人家的，总不能看着菜烂掉，心急上火，就奔丁晓兵来了，想让哥哥帮他卖菜。丁文新说这车菜要烂在手上，一家人这年就过不去了。丁文新说这些话时，带着求人的谦卑，让丁晓兵心里很不好受。

丁文新的想法并没有错。部队也过年，过年也吃菜，哥哥是当领导的，做个主，把这车菜分分吃了，给他一个成本钱，就算是给他帮忙了，这个要求说到天边也不过分。弟弟还求丁晓兵一件事，他听说部队的服务中心要承包给地方，他想承包，一来可以解决下岗再就业，二来可以挣点钱养家糊口。

见哥哥一直沉吟不语，丁文新试图打动丁晓兵，说有了钱，也能替他孝敬父母，还说他的菜真的很好还便宜，不会让部队吃亏，他又说如果让承包服务中心，他肯定好好干，他可以给部队签合同，决不会给丁晓兵丢脸。最后他说：哥我求你了，我这是没有办法的办法呀……

丁晓兵看着弟弟在寒风中说呀说，突然发现还不到四十岁的弟弟竟然有了那么多白头发，想起兄弟俩一起长大的种种情景，想起当年从前线回家，上夜班回来的弟弟，抱着自己空荡荡的袖筒失声痛哭的情景……

手足就是一根藤上结出的两个瓜，丁晓兵知道，于情于理都应该帮。可说出的话却背道而驰："你的想法很好，可这两个忙哥都帮不了你。这个部队不是我的，就算我相信你能做好，全团的官兵能相信你吗？只因为你是我弟弟这一条就没人会相信。"

丁文新有些犯愣，把可怜巴巴的目光投向母亲。母亲一句话也没说，丁晓兵知道母亲是来为弟弟说情的。手心手背都是肉，小儿子有了困难，做母亲的要帮，大儿子为难，做母亲的要体谅。

丁文新愤怒了，他说："不是你帮不了，而是你不想帮，你知道咱家里的难处吗？爸退休了，妈的工厂倒闭了，我们两口子下岗了，妈有慢性肾炎，爸有心脏病，你的侄女在上学，这么多地方要花钱，你让我到哪里去弄？再说了，你是长子，养爸妈不是你该做的事吗？你不能当了官就当甩手掌柜吧？家里啥事不管，你算什么长子？！"

面对弟弟的指责，丁晓兵无话可说。

母亲终于说话了。她说："别难为你哥了，你哥能在部队干到今天，实在不易啊！咱得替他想想呀！"

弟弟依然气愤："他替咱们想过吗？这么多年了，他帮过家里什么忙？再穷再苦我们都挺过来了。在咱们老家，人家都说他是个不小的官了，他当这么大的官有啥用，家里人啥时候沾过他的光……"

不管弟弟说得多难听，丁晓兵思来想去，这个忙他还是不能帮。最终，他让妻子从家里拿了5000块钱给弟弟，劝他回家，对他说："你要知道我的难处，这些钱先拿回去急用，家里的困难我会和你一起承担的。"

就这样，丁晓兵送走了母亲和弟弟。走的那天，丁晓兵一声不响地跟在母亲的后面送别他们，看着母亲颤巍巍的背影蹒跚在冬日的夕阳里，白发纷飞，他不禁眼圈一红，眼泪流了下来。

在这件事上，丁晓兵心里是很矛盾的，为了坚守自己的"精神家园"，有时不得不承担情感上的折磨，甚至这种坚守必须付出的代价。

→ 打倒形式主义

★★★★★

丁晓兵当政委前，营区里到处是菜地和大棚，连墙头上挂的都是豆角秧，因为要施肥，院里还有几个化粪池，一到夏天，蚊蝇遍地，臭气熏天，院外的老百姓直埋怨，说这个部队真不像个部队，简直就是生产队。

战士们的休息时间泡在菜地里，甚至正课时间也伺候菜地。丁晓兵当政委后，有一次遇上一个来探亲的老农在帮他儿子侍弄菜地，于是责问连队干部怎么让探亲家长也种地，连长还没说话，老农抢话说："不种不行，孩子们都有任务，干不完。"家长不解地问丁晓兵："咋部队比他们村的农活还多？早知道儿子当的是种菜的兵，在家当农民就行了，还跑到部队干啥？"

老农的话让丁晓兵脸红了。部队是要打仗的，平时不练兵，战士们光种地，把部队变成了农技站，一旦有事，这仗怎么打。

丁晓兵到部队转了一圈，发现基层的猪圈一家盖得比一家好。里面的猪一只比一只干净，有一回，丁晓兵碰巧听到一名战士正在拿猪撒气，他一边踢猪一边骂："你们这些政治猪越来越金贵了，给你们吃好的还爱吃不吃的，养肥了不准杀，都快成大熊猫了！"

丁晓兵听着蹊跷，在战士中一了解才知道，所谓政治猪，就是只能养不能杀的猪，留着供人参观，供上级领导检查。据说，有一次上级领导来检查，连队圈里猪少，就从老百姓家借了几头大肥猪凑了个数。

▽ 检查基层官兵学习笔记本

检查中，丁晓兵还发现了另一件事，有两个驻扎在一起的营，分管一段营区的环境卫生。部队环境卫生是一个单位展示给领导和机关的窗口，也从一个侧面代表一个单位的工作标准。于是，这两个营对上了劲，都用纱窗当筛子来筛土。一个营在树底下铺上筛出来的细黄土，内务板把土压得方方正正，油光发亮，并用白石灰在四周镶了一条边。隔壁营见兄弟单位"黄土铺路"，也相应使出绝招，他们就在白边外，再用细煤灰加了条黑边，树干上更是用白涂料粉刷。丁晓兵开始觉得好笑，越检查越笑不出来，觉得事态严重。

▽ 2005年为立功单位授旗

丁晓兵把这些形式主义拿到了常委会上，提议把那些效益不高、影响环境、边边角角的 14 亩菜地全铲除，种上花草。把基层的猪圈全部拆除，集中到一起，请专业人员来养。同时，针对官兵反映的早餐一杯奶、一个鸡蛋难落实的情况，购买几头奶牛，建立一个养鸡场，提供鲜奶和鸡蛋。

丁晓兵的意见提出后，反对声自然不少。原因很简单，因为这么做，可能会砸掉农副业生产先进团的牌子！丁晓兵所在团是全师出了名的农副业生产先进团，这块牌子既是一面旗帜，又是集体荣誉，更重要的是，部队每年评先进，这是检验政绩的标准之一。而引进奶牛，建设鸡场，可能是高投入低收入，难出成绩，不如不搞。

任何东西只要和政绩一挂钩，就会变味，层层压指标，层层搞扩大经营，规模越来越大，不管切不切合实际，不管过不过火，不管官兵欢不欢迎。

"部队的传统怎么能丢？""部队的荣誉怎么能损？"有人在背后议论，也有人当面提醒。

任何事情都不可过犹不及。如果打着继承传统的旗号搞形式主义，用荣誉的幌子来束缚思想，传统就会变味，荣誉就会变质，损害的将是官兵利益，影响的将是部队的战斗力。如今早就不是"南泥湾"时代，部队"战斗队、工作队、生产队"的任务发生了根本性的变化，现在上下喊新军事变革，天天喊适应新形势，要有新观念。新形势新观念归根到底就一句话：在部队，官兵利益是最高利益，战斗力是硬道理。丁晓兵打过仗，比谁都清楚，对一支部队而言，这两者有多重要。

丁晓兵最后还是说服了所有的人，14 亩边角地变成了草坪，连队的猪圈也被拆了个精光。全团官兵成为全师第一个喝上鲜牛奶、吃上土鸡蛋的单位。生活的环境改变了，战士的负担减轻了，人人拍手称快。

➡ 寿县抗洪

★★★★★

2003 年 7 月 10 日，淮河流域发生了百年不遇的洪水，安徽寿县瓦埠湖堤坝出现特大管涌。专家预测，如果八小时以内不能堵住管涌，寿县古城将面临灭顶之灾。

当晚，丁晓兵所在部队接到参加抗洪抢险的命令。他带领全团 850 名官兵连夜向瓦埠湖抗洪现场开进。日夜兼程，赶往大堤。

抗洪现场风高浪急，头上暴雨如注，脚下泥泞不堪，管涌在继续扩大，大堤危在旦夕。老百姓们手足无措。丁晓兵带着部队冲上大堤，让政治处的同志在大堤上拉起一幅标语：为人民而来，为人民而战！

此时，任何豪言壮语都是多余的，只有行动最重要。

"堵管涌! 跟我来!"丁晓兵一声令下，带领由党员组成的"敢死队"跳入漩涡激流。所有人肩并肩，手挽手，唱着军歌，喊着号子，用身体筑起一道人体堤坝。

丁晓兵跳上岸，加入了扛沙包的行列，别人背着沙包走，他背着沙包跑。有个地方干部模样的人上来拉住他，递给他一个喇叭，又塞给他一把伞说："丁政委，你站在堤上指挥就行了，你和他们不一样，你毕竟身体不好呀。"他不这么说还好，他这么一说，丁晓兵跑得更欢，背得更多，他想让那干部看看，他和别人没什么不一样。

△ 2003年在安徽寿县参加抗洪抢险

一个记者跑了过来，想让丁晓兵说两句，丁晓兵扭头就走。这就是战场，分分秒秒都关系到人命，虚头巴脑没啥用。

丁晓兵甩着一只空袖大步飞奔在大堤上，战士们看着他的背影，装的土更多，跑得更快了。经过 15 个小时的激战，管涌终于被堵住了。战士们累坏了，倒在泥地里就睡。

丁晓兵也想睡，但断臂处的疼痛让他睡不着。找了个背人处一看，原来由于时间太长，天气炎热，洪水汗水把断臂的伤口处泡烂了，血水泥水黏糊糊地混在一起，一块乌黑的弹片从皮下露了出来，这是战争留给丁晓兵的"礼物"。因为碎弹片太多，他身上有二十多片没有取出来。丁晓兵找了个大头针，咬咬牙，用针把弹片从肉里挑了出来，然后，把整整一瓶风油精倒在伤口周围，这样既可以降温，还可以镇痛。

一名新战士脚被钉子穿透，他自己竟然不知道，洗脚的时候才发现，他忍痛拔出钉子时，伤口已经开始腐烂。大家夸他有股"二杆子"劲，勇敢，他竟说："我们丁政委才有二杆子劲呢！"

丁晓兵带领部队在堤上奋战 18 天，寿县古城保住了。

抗洪回来，丁晓兵所在团被武警部队评为"抗洪抢险先进单位"，并荣立集体三等功。

后来，在谈到自己的成功之处时，丁晓兵认为，作为军人，平时忘我，战时忘死是本分，要想取得一点成功，不提一口气是不行的，这口气就是热情、就是血性，有热情有血性才能产生智慧，才能产生力量，有的人天赋很好，书也读了很多，但潜能得不到最好的发挥，一个重要原因就是状态没有调整好，只有状态好，工作才能超水平发挥，特别是在急难险重任务面前，更需要保持一种血性。

⊙→ 作报告不做广告

☆☆☆☆☆

一些人之所以犯错误，往往是从生活的庸俗化开始的，生活上的庸俗必然导致思想庸俗，最终就是政治庸俗。神圣的东西被淡化、俗化，庸俗的东西被强化，结果就陷入泥沼不可自拔。一个人如果整天脑子里想的都是名利、享受的东西，难保思想上、政治上不出现问题。

2003年9月，丁晓兵的一位老领导找到他说："晓兵，天上掉馅饼要砸到你头上了！"

原来，当地一位房地产老板在部队驻地附近开发了一片小区，工程竣工后，想找一些当地知名人士为他的楼盘开市剪彩，给他做广告、壮声威。丁晓兵是被邀者之一。

房地产商得知规划局一位副局长是丁晓兵的老领导，就找到了他，让他去跟丁晓兵说说，并许诺："只要丁晓兵出席剪彩仪式，在电视镜头里给我的楼盘讲几句好话，就以成本价卖给他一套160平方米的商品房。"

老领导想到丁晓兵家住房拥挤，认为这是好事，就拍着胸脯应承了下来。

丁晓兵知道老领导是好心帮助他，一时不知怎么作答，想了想，说：“说心里话，我现在住的这套 64 平米的房子，老人一来，确实挤了点，但我的身份不允许我参加这样的商业活动呀。”

“别死脑筋了！你不为自己着想也应该为老婆孩子着想呀！那可是一套 160 平米的大房子，和市场价差着十几万元呢！再说又不是让你干什么违法犯罪的坏事，他那个楼盘我参观过了，质量各方面还不错。”老领导仍好心劝导丁晓兵。

“老首长，你是军人出身，又不是不知道部队的纪律，虽然不违法，可这算是收取酬劳做广告，是违纪，真的不行！让我去给他们公司员工作报告可以，这个广告是万万作不得的。”

▽ 战斗英雄报告会

老首长还是不放弃劝说："晓兵，这个事公众看到的只是你在节假日里参加一下社会活动而已，房子的事是私底下的，不会有人知道的，不会损害你的名声。"

"骗得了别人骗不了自己。我这么多年都守住了阵地，老首长你就别让我撕开口子了。要知道，这个口子一旦撕开，我自己都不敢保证以后会不会越撕越大，所以，老首长您还是饶了我吧！"

听丁晓兵这么一说，这位老领导不再劝他了，他有些诧异地认真打量了丁晓兵几秒钟，然后由衷地表扬起来："难得难得，晓兵，这么多年过去了，你还是老脾气、老样子，一点没变，真是难得啊！"

丁晓兵见老领导没生气，也很高兴："您没生气就好。"

老领导说："不生气，说实话，我还挺高兴。回头我就去告诉那个老板，让他们也知道知道我们还是有你这样的干部的！晓兵啊，现在社会上的诱惑这么多，很多人甚至包括一些老同志都变了，你怎么能耐住寂寞、甘守清贫呢？"

丁晓兵开玩笑地说："我打过仗，生活交往上可能是守阵地意识强一些，不怕别人说无情，不怕别人说没用，不怕别人说没钱。"

老领导说："小子，你真行，回头我跟那个老板说，让他请你去作报告，就讲你的'三不怕'，你这个秘籍不仅对做人做官有用，没准对他的生意也有用呢。"

丁晓兵一直认为，当今社会上的诱惑很多，权、钱、名、利、色，哪一样都容易让人意乱情迷，人的意志、品行和道德正经历着前所未有的引诱和考验。这些考验比战场上的生死考验都要严峻复杂得多，更可怕的是这种考验还具有经常性、时刻性，从高尚滑向卑劣往往只是一念之差，这需要人时时警惕、处处小心，要慎微细处，越是小处越要留心，要慎独无人处，越是暗处越要小心，要慎守坦途处，越是顺时越要清醒。

丁晓兵在生活中常采取向下比较法。他常常和下岗失业人员或偏远贫困农村的农民比，越比越觉得自己的生活条件优越，越比越对组织给的生活待遇感恩戴德，越比越满足，越比越快乐，自然也就完全没有占便宜伸手的念头了。

丁晓兵当团政委后，每年有三分之二的时间在基层调研，但他从不接受基层宴请。出去办事，也总是找个路边小店，几个人花上二三十块钱填饱肚子，而且，这些饭费都是他个人负担。

→ 没"人情"味的丁晓兵

★★★★★

丁晓兵在小节上也是"严防死守"的。

陶婉珠到师医院上班后，离家远，上班来回要坐近两个小时的公交车，中间还要换乘。可无论寒暑，丁晓兵从来没主动让司机送过她一次。

一个冬天的早上，下雪了，陶婉珠起床晚了，第一次提出让丁晓兵的车送送，丁晓兵没答应她。陶婉珠生着气走了。约摸着陶婉珠到了医院，丁晓兵赶紧打电话哄她，她没好气地说："我当兵比你还早呢，用一下你的车怎么了？"丁晓兵说："你没看你们医院大门口挂着向你老公学习的标语吗？用用我的车，倒没什么，就担心别人说三道四你受不了。"

陶婉珠很在乎丈夫的名声，立即不生气了。

还有一次，丁晓兵正好到师里开会。陶婉珠说，搭顺风车总行吧，可丁晓兵想想还是不妥，没有答应。她只好坐公共汽车走了。等陶婉珠赶到师里时，远远看见丁晓兵的车停在院子里，她气呼呼地从车前经过，连丁晓兵打招呼都不理。旁边几个来开会的其他团领导都笑话丁晓兵怕老婆。丁晓兵打电话到她办公室，电话是她同事接的，说："丁政委，你媳妇让我告诉你她不在。"

丁晓兵知道妻子这次真的生气了。散会后，早早赶到农贸市场，买了些陶婉珠爱吃的菜，回到家，一头钻进厨房，饭做得差不多时，陶婉珠气呼呼地回来了，门一开，看见餐桌上琳琅满目的晚餐，再看丁晓兵腰扎围裙，正端着一碗鲫鱼萝卜丝汤满面春风向她走来，陶婉珠有些发怔。丁晓兵幽默地说："媳妇辛苦，尝尝为夫的手艺。"

陶婉珠笑了。

那以后，陶婉珠和丁陶上班、上学、进城宁可打出租车，也不跟丁晓兵打嘴仗。

丁晓兵对妻子注意小节，对儿子也不例外。有一次，丁陶病了，公务员跟炊事班说了一下，炊事班给做了两个菜送到家里，丁晓兵得知后，批评了公务员，让公务员把丁陶带到食堂去吃，丁晓兵还给炊事班付了钱，告诉他们以后不许把菜送到家里，郑重声明："这个院子里没有谁是特殊的，包括政委的儿子。"

丁晓兵一向信奉"家且未正，焉能正人？"他当政委的那个团渐渐形成了良好的环境，官兵们都拥护、理解丁晓兵。

丁晓兵到连队蹲点，坚持实行"三不政策"：不加菜、不摆水果、不要人照顾。

2004年4月，丁晓兵到八连蹲点，这是他当政委以后第一次回自己的老连队蹲点，进门就对迎接的连队干部说了他的"三不"，把端着瓜子正往房间送的司务长弄了个大红脸。

一次午饭后，指导员见午餐的梨比较新鲜，他知道丁晓兵爱吃梨，就让通信员洗了个大的，切成四瓣，送了过去。丁政委把通信员批了一顿，弄得小伙子耷拉着脸走了。

20天蹲点结束时，丁晓兵正收拾行装，连长和指导员推开了门。

连长说："政委，您是我们八连的老指导员，对连队感情很深……"
指导员接话说："就是，您连画室都设在我们八连荣誉室……"

丁晓兵猜想他们有什么事。指导员拿出个包装精美的盒子："我们想应该送个小礼物给您作个纪念，就买了条腰带……"

丁晓兵问："多少钱？"连长忙不迭回答："不算贵，588元。"丁晓兵接着问："钱是从哪里来的？"指导员说："是连队家底……"他话音刚落。丁晓兵声音都变了："你们就这样拿战士的伙食费来送礼吗？赶快把它退了！"

连长坚持说："卖出去的货泼出去的水，退不了了。"

"系了这根腰带，我就抬不起头了，还怎么去教育别人？你们不退，我去退。"丁晓兵掏出手机要给司机打电话，连长和指导员

▽ 与干部家属交流

见丁晓兵玩真的，只好拿着腰带去退了。

事后，连队干部在支部会议上说："我们送给政委的这条腰带，实际上是给政委送了一根鞭子，他抽在自己身上，更加警醒为官做人的准则，抽在我们身上，鞭策着我们老老实实做人、踏踏实实带兵……"

丁晓兵对身边的工作人员同样比较严。

2003年底，他的司机小张想回家探亲。按照规定，小车班战士休假，应先向车队领导递交申请报告，但小张担心请不到假，就想从丁晓兵那里拿"尚方宝剑"。

◁ 与官兵在训练间隙交流

第二天，小张一大早就去找丁晓兵请假。

丁晓兵知道他的小九九，笑着问他："你该找谁请假?"小张红着脸嗫嚅着。丁晓兵严肃地说："你一上任，我就告诉你给我开车，我给不了你什么实际的东西，只能教你做人的道理。现在我再提醒你一次，给我当驾驶员，没有特权，什么事情都要按规矩办。"

后来，小张按正常手续打了休假报告。可能是因为心里不舒服，也没向丁晓兵报告。丁晓兵知道后，赶紧让妻子去买了些无锡土特产和路上吃喝的食品，追到大门口，把买的东西塞到他手里说："这点东西带回家，向你父母问个好。"

小张愣了一下，眼神里有歉意，有愧疚，更多的是感激。

➔ 脚步不停

★★★★★

自从当年八连战士出现"自杀"事件后，战士的心理健康问题就成了丁晓兵心里永远的痛。丁晓兵一直后悔自己发现得太晚，没有紧跟新情况新问题去作工作。这件事，给丁晓兵大大地提了个醒，部队工作也应该与时俱进，紧跟形势发展作工作。

丁晓兵很早就关注官兵的心理问题，他创造的"心理自我调节十二法"在全师推广后，官兵一些突出的心理问题得到较好的解决，并受到武警部队心理专家的充分肯定。丁晓兵专门和陶婉珠一起在部队搞了个调查，不调查不知道，一调查吓一跳，全团竟然有十多名心里有病患的战士。

特勤连有个战士时常出现幻觉，老觉得有人要杀他，吓得他晚上睡不着觉，狂呼乱叫到处跑，弄得连队干部头疼得要命。有人建议把他关起来，这样比较保险，丁晓兵没同意，派军医送他到常州医治，专家会诊后确诊为狂躁症，通过科学的药物医治和心理疏导，没多长时间，这个战士的病就好转了，吃得香睡得甜，再也没闹过事。还有个战士有两个要命习惯，一是爱打架，二是爱小偷小摸，不做这两件事手就痒，连队干部批评他，他拿菜刀撵得排长满院子跑。因为这件事，他被团里关了两次禁闭，他却说，不用出操，不用训练，挺舒服的。这么恐怖的兵不多见，连队干部说这个兵待在部队迟早要闹出乱子，建议除名算了，反正他干的那些事足够除名了。丁晓兵觉得没那么简单，许多有钱甚至很有名气的人也有小偷小摸的习惯，他们的偷窃行为根本不是为了钱，而是一种宣泄情绪的手段，属于一种心理疾患。当时丁晓兵就想，就这样把这个战士推出去，这名战士没准就彻底毁了，他是家里的独生子，他毁了他一家也就毁了。丁晓兵把他调到身边当通信员，但这名战士仍然我行我素，他一天不偷东西就手痒。丁晓兵当时也很恼火，可不能来硬的，和颜悦色地跟他交朋友，给他推荐一些心理疾病方面的书，让他认清自己的问题，带他去看心理医生。后来，这名战士好像换了个人，表现很好，年底还当上了副班长，退伍后，开了个店，日子过得比较好。有一次，丁晓兵出差路过他家乡，他带着老婆孩子在路边等了丁晓兵两个多小时，非把他安排到当地一家五星级酒店住，那是丁晓兵第一次住这么高档的酒店。

丁晓兵常说，思路决定出路。他的思路总是很宽，办法总是很多，不断用创新精神解决部队建设中的难题。训练伤一直是制约和影响部队训练质量的老大难问题。为解决这个难题，丁晓兵专门到南京体育学院请来专家教授进行科学指导，他和专家们一起研究不同体质的骨骼承受力，提出了"在超强度训练中科学分配

△ 团结奋进的师党委"一班人"

体能"的科学训练方法。根据科学理论分析，他还发现有的战士在训练中容易出现骨折，主要原因是骨质缺钙。为给战士补钙，他提议团党委在经费紧张的情况下，出资 10 万元买来 20 头奶牛，用鲜奶给战士补钙。这样一来，不仅全团官兵每天早餐都能喝上新鲜牛奶，全团的训练伤也由原来的 3% 下降到 0.5%。喝牛奶喝出了战斗力。

丁晓兵任师政委后，针对部队"五多"困扰部队建设的问题，提出了"四归口一协调"的工作方法，有效地避免了工作撞车，理顺了工作秩序；针对机关帮建不科学的问题，提出了"五跟一帮"的帮建措施，提高了帮建质量，促进了基层建设……

部队环境、任务有新变化，丁晓兵必然潜心研究应对之策。2010 年，丁晓兵所在部队担负广州亚运会安全保卫任务。在执勤中，公安、协警、解放军、武警混杂在一起执勤，各单位要求不同，标准不同，官兵难免产生对比心理。丁晓兵带领机关的同志针对驻地环境复杂、部队高度分散、执勤任务繁重、经受考验严峻的实际搞研究。他深入一线调查走访，一个点一个点地过，与干部一个个地谈话，到联络点一家一家地走访。20 天下来，人跑瘦了一圈，却拿出了《关于在部队深入开展"四学"活动的意见》下发部队，号召执勤官兵"向人民群众学习，向公安干警学习，向兄弟单位学习，向亚运健儿学习"，使部队一开始就掌握了主动，保证了部队圆满完成任务。

丁晓兵就是这样，从来没有停止过前进的脚步，始终掌握着工作的主动，总能赶在困难和矛盾的前头，它们刚冒头，他已经找到了办法。

▷ 祖国，请允许我用左手敬礼

➡ 至高信仰

★★★★★

　　2003 年 12 月初，十多位 87 届无锡市锡山高级中学毕业后去美国读书的留学生回乡聚会。席间，这些久居海外的学子谈起中学时代最感动自己的一件事。出乎意料，人人都讲了丁晓兵给他们作的那场《信念之火》的报告。

　　那场报告有 3000 多名师生聆听，30 多次掌声，人人为之动情，留学生们认为那场报告点燃了他们的信念之火，激励着他们在异国他乡，做一个堂堂正正的中国人! 在国外，丁晓兵的信仰、精神始终激励着他们战胜困难和挫折，争取早日学有所成，报效祖国。

　　定居美国的匡雪婷女士问原班主任黄明老师，丁晓兵是否还在讲信念、讲奉献，当他们得知丁晓兵二十多年如一日，矢志不渝，信念不改，再次感动得唏嘘不止。

　　他们郑重地向原班主任要求联系到丁晓兵，请他再给他们作一次报告。

　　二十多年，都说丁晓兵教育了许多人，影响了许多人，但丁晓兵认为影响别人的不是他，而是他的信仰和为坚持信仰所做的一切。

　　一位商人告诉丁晓兵，听了他的报告，他至少三五年内能管住自己不干亏心事。

　　一位大学生告诉丁晓兵，他的报告让他坚信这世上有崇高和伟大。

一位退伍老干部告诉丁晓兵，原来，他认为只有他们那些老同志对党有感情，听了丁晓兵的报告，他感到作为从战火中走来的英雄，作为改革开放新形势下成长起来的青年干部，丁晓兵的思想境界、人生追求、对党的感情，一点也不亚于他们那些老党员、老干部。有丁晓兵这样的年轻干部，他们那些老同志放心了！

无锡市委党校书记张田生对丁晓兵十分信服。1995年，党校举办了一期中青年干部培训班，开班前，张田生被叫到市委，市委有关领导交代他，这批学员是从市优秀青年干部中选拔出来的，可谓精英，市委对他们的期望很高，希望他们将来能承担领导经济发展的重任，对这些人，学校教育的重点是坚定他们正确的人生观和价值观。张田生对这堂课也十分重视，精心准备了一番，授课时，引经据典，说古论今，讲得也神采飞扬。下课铃敲响时，一位从德国回来的"海归"学者向他提出了一个问题："张教授，你理论讲得很好，能否让我们看看你身边有没有这种人，如果有，请他给我们讲讲，这不是更有说服力吗？"

▽ 与战士谈心

△ 2010年在四川道孚驻训部队指导时与当地干部合影

　　张田生一下被将住了，他们的意思很明显，如果不让他们看见一个能服气的论据，他就不打算相信张田生的论点。张田生第一个想到了丁晓兵，把他请到了党校精英班的课堂。

　　丁晓兵讲自己的经历，讲人生感悟，间接回答了张田生给他的命题：党员干部怎样活着，为谁活着，怎样当官，为谁当官。一个半小时的课，被掌声打断了十多次。丁晓兵讲完后，精英们全体起立，教室里响起了经久不息的掌声。这堂课产生了强烈的反响，培训结束后，300名学员的毕业论文无一例外地把丁晓兵当做了镜子。从那以后，每当新学员入学，张田生都要找到丁晓兵，让他与年轻干部谈心，讲人生、信念、理想和追求的话题。

　　丁晓兵不放弃任何一次坚持信仰、宣扬信仰的机会。丁晓兵曾带过的一名战士在地方成了一家大公司的老总，邀请他参加一个宴会，客人多为生意人。席间，说着说着，一些人就说到了政治，个别人借着酒劲开始说一些贬低丑化党的话，讲党的干部怎么怎么腐败，又讲现在的制度怎么怎么不好。丁晓兵越听心里越不是滋味，再也吃不下去，本想拍案而起，拂袖而去，但想到自己是人家请来的贵宾，不能表现过分，于是忍耐住没发作，只是皱起眉头，拿眼睛盯着他们，希望他们尽快意识到他的不满，收敛胡言乱语。可是那帮人完全没有顾忌，越说越起劲，越说越离谱。丁晓兵再也忍不住，拍案而起，对他们刚才的言论进行了一番驳斥，没一人敢还嘴，也没人敢劝他。回到家，丁晓兵把这事讲给陶婉珠听，陶婉珠笑了："你这个团政委简直是全社会的政委嘛，把政治课上到生意人的宴会上去了。"

但丁晓兵不这么认为。他觉得没有信仰的人是可怜的，没有信仰的人生是苍白的，信仰不正确是可怕的。在马克思的纪念碑上有这样一句话：为了人类幸福，不求人生显赫。丁晓兵自认做不到这么高尚，但他神往那种境界，那是他努力的方向。

人性之光

　　人生有三乐：助人为乐，吃苦为乐，自得其乐。助人为乐雄居榜首。地球人有五十多亿，只要能碰上就是难得的缘分，要珍惜缘分，多与人为善，在为别人奉献体力、智力、汗水的同时，我们自己的生命价值也得到提升，生命的价值和奉献成正比关系，奉献越多生命的价值越高，生命的空间越大，生命意义也越高。人活着需要在得与失之间找到一个心理平衡点，找准了，就能在帮助别人快乐的同时，自己也得到快乐，找不准就会在伤害别人的同时，最终伤害自己。

——丁晓兵语录

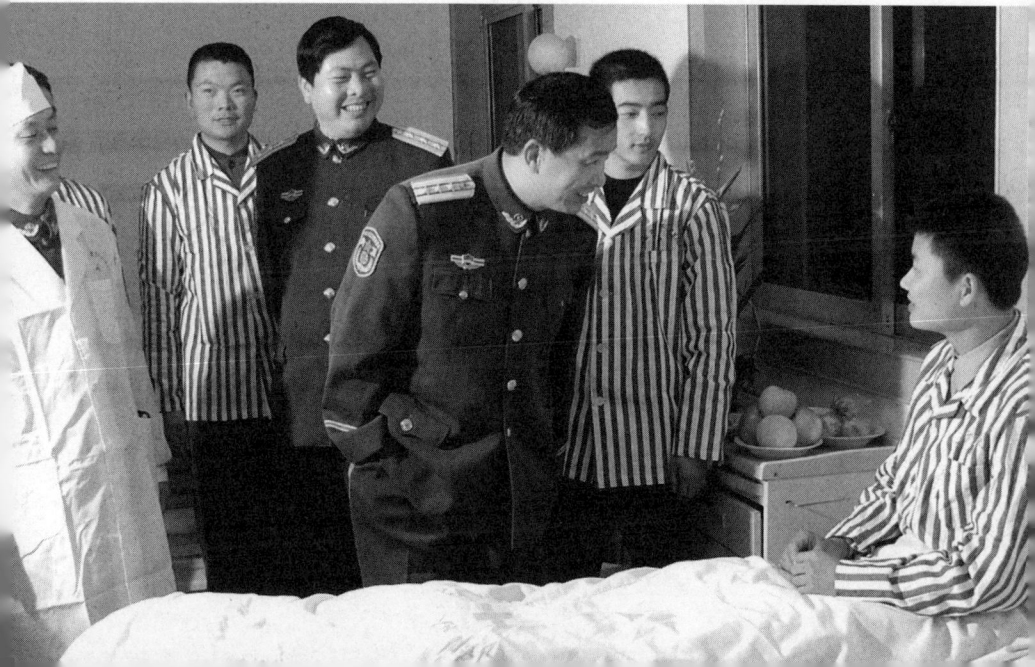

收获爱情

★★★★☆

丁晓兵也不知道应不应该感激那场战争。

战场，让他失去右臂，却让他收获了一生的伴侣——陶婉珠，比右手更为坚强的所在。

丁晓兵第一次见到陶婉珠是在空军医院。陶婉珠当时是那家医院的护士。年轻的14级干部。丁晓兵是一级护理，24小时有医护人员在身边守护。陶婉珠也是其中一个，她目睹了他从入院到清醒的整个过程，目睹了他第一次上厕所的尴尬情景。

坚强、任性、纯洁、固执是丁晓兵留给陶婉珠的最初印象。

丁晓兵在心情调整好之前，根本没有心思关注周围的人和事，所以，注意到陶婉珠已经是他入院一个月以后了。

那天，陶婉珠当班，她走进病房，微笑着对丁晓兵说："丁晓兵，今天感觉好吗？咱们先把药吃了，然后我陪你去散步好吗？"

那一刻，丁晓兵有被击中的感觉，应该就是所谓的一见钟情吧。在陶婉珠的眼睛里丁晓兵看到了他最想要的东西：真诚、善良、朴实、纯洁无瑕。

当年，陶婉珠在医院里有个外号叫"快乐天使"，她走到哪里哪里就有笑声，哪里有笑声哪里就有快乐，那笑声胸无城府，心无芥蒂，大家都喜欢她，喜欢她那张笑脸。

有一天，丁晓兵在洗衣房洗衣服，当班的陶婉珠跑进来了，试图抢过他的洗衣盆，说："你怎么又自己洗衣服了，说了你多少回，照顾你是我的工作。"

他拽着盆子不松手，说："陶姐，这点小事我自己行，你忙你的吧！"

见丁晓兵很固执，陶婉珠松了手，但她并没有离开，而是站在一边看着他。

丁晓兵用左手把洗干净的衣服从水里捞出来，用牙咬住湿衣服的一头，用左手使劲拧了几把，一部分水流进了脖领和袖管里。

丁晓兵的样子在她看来可能有些狼狈，她硬从他嘴里取下衣服，把衣服拧干后，端起盆就走。

▽ 与妻子一起瞻仰烈士陵园

丁晓兵喊了声："陶姐……"

陶婉珠回过头，丁晓兵在她的眼睛里看见了泪光。丁晓兵心头一震，那一刻他明确意识到，他的爱情来了。

为了追求陶婉珠，丁晓兵精心做了许多铺垫。

首先，他以画素描为借口，向陶婉珠要了一张她穿军装的相片。后来，他发现科里的护士们常常会送些小东西给自己看护的伤员作纪念。丁晓兵又以此为借口，要了她脖子上的一个小挂件。

有一次，丁晓兵发现有别的伤员给陶婉珠写情书，这事给他莫大的启示。丁晓兵花了一个晚上的时间，在一张病历卡上，写下了一封 26 个字的情书："小陶姐：你好，我很喜欢你，你可以做我的女朋友吗？丁晓兵。"

情书送出去后，陶婉珠既没有拒绝，也没有接受，只是有意无意地躲避丁晓兵。丁晓兵的牛脾气也上来了："陶护士不来，我就不吃饭，不吃药。"但陶婉珠很明确地告诉丁晓兵："我跟你不可能，咱们俩永远都是医护人员和病号的关系。"

丁晓兵在情场上摔了个大马趴。背后议论也很多，说丁晓兵癞蛤蟆想吃天鹅肉，一个残疾了的战士，想找一个干部，怎么说怎么让人觉得不可思议。但丁晓兵并没有死心，从明目张胆转为潜移默化。

没等伤好利索，丁晓兵就提出了出院申请，同时向医院提出最后一个要求，让陶婉珠送他到车站。医院满足了他的要求。两人一路不说话，车要开的时候，丁晓兵打破沉闷的僵局："小陶姐，你能给我写信吗？"

陶婉珠点点头。

"小陶姐，我一定会来看你的。"

陶婉珠不置可否地微微一笑。列车缓缓地开动了，在那个告别的瞬间，丁晓兵看到了陶婉珠眼睛里的泪光。

丁晓兵出院后，一直没有间断给陶婉珠写信，她也没有食言，逢信必回，但她在信里只谈工作、谈学习、谈生活，从不谈感情。慢慢地，陶婉珠在信里开始称呼丁晓兵为"晓兵"，这称呼上的改变，让丁晓兵异常兴奋。

丁晓兵接到南京政治学院录取通知书后，第一时间写信告诉陶婉珠，邀请她来部队送他。陶婉珠回信了，借口"工作忙，走不开"。这完全在丁晓兵的意料之中，丁晓兵连续发了四封加急电报，但陶婉珠没搭理他，在第五封信里，丁晓兵蛮横无理地写道："如果你不来，我就不去上学。"三天后，陶婉珠回电，让丁晓兵去火车站接她。

陶婉珠一出站台，丁晓兵排里的兵整齐列队齐声问候："嫂子好!"

陶婉珠彻底傻眼了。丁晓兵一把拉住陶婉珠的手就走，陶婉珠虽然气恼，但也没有当着战士的面给他难堪。

回到营区，丁晓兵逢人就介绍："这是陶婉珠，我未婚妻。"放下行李，丁晓兵不给陶婉珠时间反对，又拉着她去见连长、指导员和旅首长们。首长们都很高兴，夸丁晓兵有眼光，找了个好媳妇。更着重夸了陶婉珠，夸她思想境界高，敢于冲破世俗羁绊，沙里淘金找到了丁晓兵。一顿夸，把陶婉珠摆到丁晓兵对象的位置上去了，陶婉珠就这样下不来了。

就这样，陶婉珠是丁晓兵未婚妻的事，地球人都知道了。

丁晓兵，终于收获了他的爱情。

➔ 他想做个好爸爸

★★★★★

爱兵如爱子，这是带兵人常说的一句军旅格言。陶婉珠说，她倒巴望丁晓兵能爱子如爱兵。

丁晓兵的独生子叫丁陶。丁晓兵很少在生活上照顾儿子，人在部队，身不由己，想照顾也没时间。后来，丁陶上初中，开始住校，一周都难碰到一次。丁晓兵很少过问儿子的学习，连打篮球、爬山这些活动，都是陶婉珠代劳。丁晓兵对儿子很严，五六岁的时候，就让他到操场上跑1000米，把他抱到独木桥上让他走，锻炼他的胆量。

丁晓兵到儿子所在学校作过报告，老师和同学都知道了他是英雄的儿子，对他说："你爸爸真了不起。"儿子却说："天天见，没觉得他了不起。"在儿子眼里，丁晓兵不仅没什么了不起，还简直是个"暴君"，平时笑脸少，一旦功课不好，还要挨打，后来见到丁晓兵就害怕。

可能是丁晓兵的心思在部队上多一些，很少揣摩儿子的心思，总是用部队的那一套来一厢情愿地管，没有注意到他的年龄和身份，结果儿子与丁晓兵的话越来越少，沟通也越来越少。这一切，丁晓兵都没有意识到，儿子越来越疏远他。直到有一天，老师给出了一篇作文《我流下了激动的泪水》，丁陶竟交了白卷。老师很吃惊，问他为什么交白卷。丁陶说，他从来没有流过激动的泪水，流过的都是委屈的泪水、伤心的泪水。

老师把丁晓兵和陶婉珠叫到学校，很郑重地通报了这件事，对他们的家庭教育提出严重质疑。回到家，丁晓兵和儿子推心置腹地谈了一次。丁陶说对父亲很佩服，但佩服不等于亲近，父亲对他的要求过高，超越了他的心理承受能力。总之，儿子对父亲一肚子不满。

直到发生了一件事，儿子才对丁晓兵冰释前嫌。

丁陶读初三的时候，住校，每周星期五晚上才回来一趟。有个星期五晚上他没回来。当时，丁晓兵夫妇以为是学校有事没放假，也就没在意。星期六早上，打电话给老师，老师说丁陶昨晚就走了，丁晓兵慌了，丁陶是不是离家出走了？丁晓兵第一次感到懊悔，平时应该多与儿子沟通。一整天，丁晓兵找遍了每一个丁陶可能去的地方，联系了能联系上的所有人。直到晚上9点多钟，一个同学打电话来说丁陶在他家，丁晓兵交代他帮忙看好丁陶后，赶紧和陶婉珠直奔过去。丁陶已经在楼下等着，做好了挨揍的准备。丁晓兵并没有发火，只是说："上车吧。"上车后，丁晓兵声音低沉地说："儿子，你知道爸爸妈妈今天是怎么过的？"话没讲完，眼圈就红了，眼泪直打转。丁晓兵猜想丁陶应该也感动了，偷偷回头看他，丁陶正一脸窃喜。

丁晓兵怎么也没想到，在儿子身上，自己会这么脆弱。后来，偷偷看丁陶的日记，儿子在日记中写道："看到以坚强为性格标签

▽ 丁晓兵全家福

的爸爸为我流泪，我幸福极了，我才知道原来在爸爸心里，
我还是很重要的……"

→ 战友亲如兄弟

★★★★★

丁晓兵任团政委时，团里有个战士小梁，得了白血病，
多次骨髓配对都没有成功，他近乎绝望了，医院也失去了信心。
小梁身体每况愈下。

丁晓兵去探望他，看到小梁眼里的绝望。丁晓兵说了些
话鼓励他，让他坚定战胜疾病的勇气和信心。听着丁晓兵的
话，小梁面无表情。丁晓兵知道，面对一个十九岁的随时可
能失去生命的年轻人，这些廉价的鼓励，并不能给小梁实质
性的帮助，他需要的，也不仅仅是领导的几句慰问。

看着小梁光洁的额头，丁晓兵心情沉重，正值十八九岁
的年龄，生命才刚刚开始就要戛然而止。作为一名战士，他
无怨无悔为部队奉献了两年青春。自己作为他曾经信任的领
导和战友，又怎么能忍心放弃他、不管他呢？小梁已经到了
退伍年限，他家在农村，如果打发他回老家去，家里根本没
有条件治好他的病，说得难听些，他只能等死。

作为已经死过一回的丁晓兵，再清楚不过一个面临绝境
的人对生命的渴求是多么强烈。所以他决定，哪怕只有一丝
希望，也要尽百分之百去努力。

丁晓兵跑上海、去南京、到无锡请专家给小梁会诊，花

了二十多万元，一个团级单位一年的医疗费就没了。继续治财政吃紧，放弃治前面的钱等于打水漂。丁晓兵和团党委态度坚决：不惜一切代价为小梁治病！

全团官兵都行动起来了，大家踊跃地给小梁捐款。面对死神面对病魔，小梁不仅需要钱，还需要精神的支撑。丁晓兵动员连队官兵给他写信，安排连队干部定期到医院探望他。丁晓兵自己写画了些励志字画挂到小梁墙头。大家的关心和鼓励，点燃了小梁生的希望。他振作精神积极配合医生治疗，病情有了明显好转。

爱真的能使死神却步。经过一段时间的治疗，小梁的命真的保住了，但由于长期服用激素类药物，又引发了心理病变。护士长介绍说，小梁病刚好转，人就开始不安分了，见到女人就迈不开步，经常有些出格的行为，道德品质有问题。

丁晓兵对这种说法很不赞成，说："护士长，你怎么能下这样的结论呢？他是个白血病患者，随时可能走到生命的终点，我们正常人能体验他内心的痛苦吗？我们应该给他更多的关怀。一个处于青春期的男人见到女人有些兴奋的举止，不能简单地说是道德品质问题，更多的是心理问题，心病还须心药医啊！"

一个白血病患者，一个不安分守己的病人，很多人建议把他处理退伍，既符合政策，又不影响部队建设，再说部队对他也算是仁至义尽了。

丁晓兵不这么看。处理一个战士是件很简单的事情。部队把他处理了，谁来给他继续治疗？谁来负责他今后的生活？在他最需要人性关怀的时候，部队怎么能将他一推了之呢？

2003年底，一年一度的老兵退伍工作又开始了，按正常服役年限，小梁已属超期服役。当时，他的病情已经得到控制，他自己也做好了退伍的准备。丁晓兵思前想后还是决定再留小梁一年，把好事做到底，等他的病完全治好了再让他走，既对得起他和他父母家人，也对得起团里为他花的那些钱。

2004 年底，小梁的病完全治愈，他主动要求退伍。丁晓兵安排营房股长亲自送小梁回家，协调安置小梁。并以部队名义给地方民政部门发函，请求给小梁以伤残军人的有关政策妥善安排。

一天晚上，已经摘掉了帽徽领章的小梁突然闯进丁晓兵的房间，"扑通"一声跪在地上，给丁晓兵磕了三个响头，说："政委，我已经脱了军装，就让我给你磕个头吧，我今生今世不会忘记你。"

丁晓兵是个讲原则的人，也是个重感情的人，他当时也有些激动，被人需要是幸福的。像小梁一样感激丁晓兵的人很多，小冯就是其中一个。小冯素质很好，当兵第一年就入了党，却被确诊为白血病，医生说如果得不到及时的救治，他的生命只有三个月。

手术费要 60 万，更难的是要找相同的骨髓，非血缘关系的骨

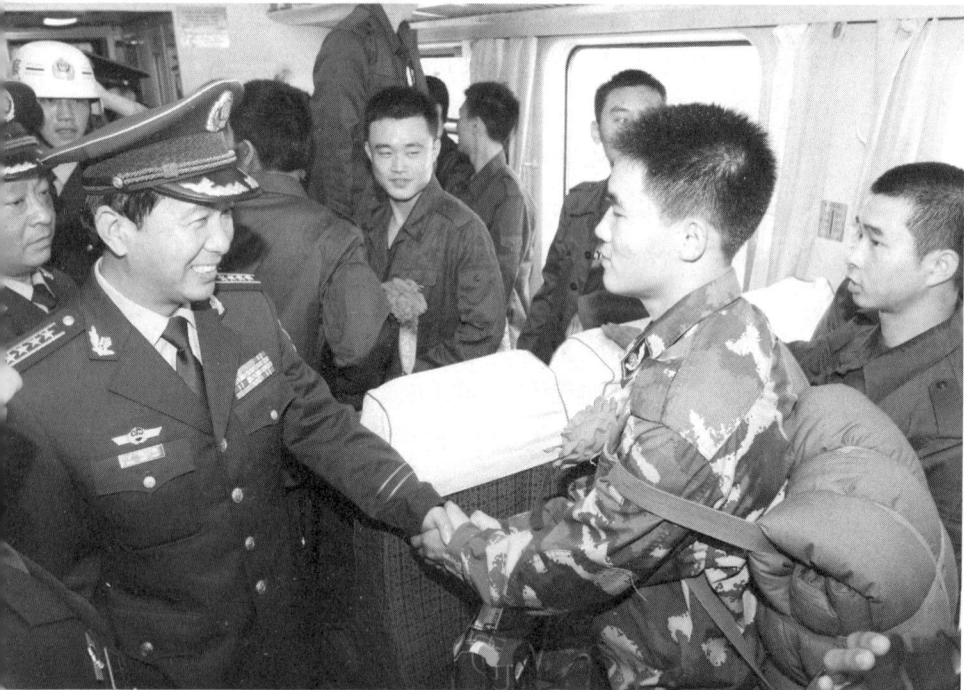

髓配型相合率只有万分之一。小冯先后在上海、扬州等医院进行了四次骨髓配对，都因指数达不到要求而失败。

　　丁晓兵献出了骨髓，战友们也纷纷卷起了袖子……通过不懈努力，终于找到了合适的骨髓源。2001年4月，小冯被推进了上海一家大医院，手术很成功。治愈后的小冯退伍后，丁晓兵想办法把他安置在经济条件、优抚条件都比较好的常州。

　　丁晓兵对自己却比较苛刻。他佩戴的假肢是比较廉价的，有一家专门生产智能假肢的厂家曾找到丁晓兵，请他作个广告，许诺免费为他安装假肢作为报酬。智能假肢是一种科技含量很高的东西，内置计算机，佩戴者可以用它完成端碗拿筷子吃饭这样的精细动作，甚至能找回部分真手的感觉，价值20万元。丁晓兵很希望自己拥有这样一副假肢，但他最终还是拒绝了厂家的建议。

　　2003年11月，武警部队司令员、政委到团里检查工作，听到这件事后，专门特批了一笔专款给丁晓兵安装智能假肢。钱到账后，丁晓兵思来想去，没舍得用。正好那时部队家属工厂改制，18位家属买断工龄资金缺口二十万。丁晓兵不顾团长反对，把安装假肢的钱补了缺。一年后，师政委来团里指导工作，发现丁晓兵还戴着一般假肢，自然问起专款的去向，了解情况后，师里又下拨了20万，硬逼着丁晓兵去上海装上了智能假肢。

　　丁晓兵有三乐："助人为乐，吃苦为乐，自得其乐"。助人为乐为先。他始终认为，地球上有五十多亿人，只要能碰上就是难得的缘分，要珍惜缘分，多与人为善，在为别人奉献体力、智力、汗水的同时，自己的生命价值也得到了提升，生命的价值和奉献成正比关系，奉献越多生命的价值越高，生命的空间越大，生命的意义也越高。人活着需要在得与失之间找到一个心理平衡点，找准了，就能在帮助别人快乐的同时，自己也得到快乐，找不准就会在伤害别人的同时，最终伤害自己。

心灵的约定

云南麻粟坡杨万乡是丁晓兵曾经参加一次重大军事行动的地方。当年，丁晓兵负伤昏死两天三夜，乡亲们给他很多无私的帮助，正是大家背着他到处转移，他才能幸运地活下来，在他的血管里，至今流淌着乡亲们 2600CC 血液。有一个老乡，家里好不容易攒一块腊肉，自己舍不得吃一口，却全埋在了丁晓兵的饭里面，那饭香、腊肉香，至今停留在丁晓兵的喉头舌尖。这片土地还为丁晓兵养育了贤惠、聪颖、善良、美丽的昭通姑娘陶婉珠，这片土地令丁晓兵动容的元素很多，他一直想把这种感动化作回报的行动，想有了能力以后，帮当地居民办点事，但能做点什么事，他心中一直不是很明朗。

2005 年，丁晓兵去烈士陵园祭奠战友，那次不知怎的，一进陵园，他就哭得昏天黑地，本来晴朗的天，也突然很应景地下起雨来，直到丁晓兵祭奠完他的战友，才放晴。后来，陶婉珠对丁晓兵说："二十多年来，我第一次发现你丁晓兵哭起来竟是那么难看。"

在去杨万乡的路上，看到放学的孩子们三五成群地在路上玩耍，有的还趴在地上。那边的孩子都显小，十一二岁的孩子，个头看起来只有七八岁的模样，他们看到军车过来，纷纷站到路边，戴红领巾的少先队员们向他们行队礼，没有戴的鞠着躬。孩子们的举动让丁晓兵又红了眼圈，坐在他身边的陶婉珠流下了眼泪。在那一刹那，丁晓兵的心灵受到了猛烈的撞击，他突然明白自己该干什么，也许，应该为当地的教育事业做点事。

不久，又有一件事更激起丁晓兵同样的想法。他去陶婉珠的昭通老家，在一个叫哪都村的高寒地区休息时，突然传来了读书声。丁晓兵循着读书声来到一个小学校。学校很破旧，所有的窗户都没有玻璃，只是用塑料布挡着风，三个年级的学生挤在一个屋里上课。丁晓兵走近一个孩子，他的小手皱巴巴的，像是糊了一层锅巴一样，撸起他的衣袖，手臂上也是一样，哪里有孩子应有的胖

▽ 和少先队员在一起

胖的可爱的臂膀，看着令人心酸。

丁晓兵问他："早上吃了什么？"

小孩说："洋芋（马铃薯）。"

"中午呢？"

"洋芋。"

"晚上吃什么？"

"洋芋。"

"那吃什么菜？"

孩子不做声。在一旁的老师告诉丁晓兵，辣椒粉和盐巴，吃洋芋时蘸一点。

丁晓兵的眼泪下来了，几个人当场凑了千八百块钱，交给了老师，请他给孩子们买点书籍、文具和书包。从教室里出来，丁晓兵发现学校连国旗都没有。再穷，也不能穷爱国主义教育。丁晓兵找到村领导，联系了当地的教育局，向他们反映了学校的情况。

从昭通回到部队后，丁晓兵一直牵挂着大山包学校，与常委们合计后，在部队搞了捐款活动，常委们一起捐了几千元钱给学校做旗座，并买了些书，一起寄了过去。丁晓兵的举动引起了昭通市教育局的注意。由此，教育局启动了一个"国旗工程"，给所有小学都建起了旗座，悬挂了国旗。

2008年，丁晓兵的书法老师、著名书法家尉天池得知丁晓兵家生活不富裕，父母在老家还有许多实际困难没有解决，出于对丁晓兵的关爱，他拿出30万元让丁晓兵盖几间房子。当时，丁晓兵就想，谁家都有困难，日子过得去就行，房子够住就行。用这笔钱做一些有意义的事，更能对得起老师的关心。尉老师是丁晓兵最敬重的书法家和书法教育家，为人跟他的书法一样，热心而大气。当初丁晓兵向他提出拜师学书法时，尉老从日本一讲完学，就直接飞到无锡，收了丁晓兵这个徒弟。

有了为哪都村建希望小学的想法后，丁晓兵便和尉天池老师

△ 做校外辅导员

商量，老师很受感动，同意了丁晓兵的建议，并追加了20万元，共出资50万元。奠基仪式很简单，但丁晓兵和尉老师都很欣慰，很激动。尉天池从未去过那么偏远的山村，学校奠基那天，他和夫人冒着雨，不辞辛劳地赶到哪都村，在亲眼目睹了哪都村的境况后，他提笔挥毫，现场书写了多幅作品，送给当地乡亲。乡亲们没有多少表情，黑红的脸上也看不到喜悦的神情，他们不知道尉老师送的这些"画黑了的纸"，一尺市价可达万元，抵他们一家几年的收入。仪式开始后，雨也停了。现场的气氛还是不够热烈，乡亲们连鼓掌和说感谢话的举止都没有，表情上甚至有些麻木，只有孩子们在三三两两地追逐。一种苍凉的感觉弥漫着丁晓兵，他没有怪乡亲们不懂礼，他们的本分、老实、憨厚、质朴正是现代人所缺乏的，也是丁晓兵最欣赏的。但他们大多都不识字，"日出而作，日落而息"几乎是他们唯一认知的生活状态，看到这种社会的落差、文化的差异，他更加感到自己建学校的举动是正确的。

从哪都回来，丁晓兵又联系了许多书法界的朋友，对学校进行了持续不断的资助，到目前已经投入了100多万元。为了让乡亲们多体会到发达地区的信息，丁晓兵在无锡为他们联系了一所共建学校，他还安排哪都小学教职员工和十多名学生到上海、南京、无锡等地参观学习了十多天。尽可能让外面世界的风吹到哪都。

现在，到了广东任职的丁晓兵还一直关心着哪都村小学，只要听到学校传来一些关于学生的好消息，就感到无比欣慰和畅快。他觉得，30万元用于一个家庭，只不过可以暂时改善一家人的生活状况，而用于小学教育，却可以让孩子们享受到学习的快乐，那影响的将是一村人、数代人，这种增值效应，无法估量。

记住丁晓兵的不止是哪都村的学生们，丁晓兵无论走到哪儿，就把信仰送到哪儿，把爱洒到哪儿。在安徽寿县五里林凤庄镇南湖村村民陈金花大娘家里，丁晓兵的相片端端正正地挂在堂屋，丁晓兵在抗洪途中发现了晕倒的陈大娘，想尽了一切办法把陈大娘抢救过来。四川道孚的一名藏族小姑娘不会忘记丁晓兵，2010年，丁晓兵在去道孚检查部队的途中，听说她听力不好、家境困难的事后，专门给她联系了北京的医院进行治疗……

后 记

并非尾声

二十多年来，新闻媒体从未停止为这个共和国的军人谱写英雄赞歌，丁晓兵也没有辜负所有人的希望，他不管在哪个工作岗位，唱响的都是时代的最强音，他用一个个坚实的脚印，铿锵有力的足音，无时无刻不在回答着与王明的"心灵契约"。

一位网友曾发出这样的诘问：丁晓兵教给了我们什么？读他的传记，看他的故事，与他的一次次交流，我们似乎找到了答案，在经历了生与死的考验，经历了鲜花与掌声的考验之后，他告诉我们做人最重要的在于信念、执著和奉献。

丁晓兵不论社会环境怎样变化，始终把先进文化当做自己的精神旗帜矗立心中，保持坚定的理想信念不变，经受住了战场和人生道路上的种种考验。他把自己比作一个"挑夫"，一头担着党的重托，一头载着群众的希望，时刻激励自己"平时要忘我，战时要忘死"；不论职务岗位怎样变化，始终恪守"三不怕"人生信条：不怕别人说无情，不怕别人说没用，不怕别人说没钱。保持了一名共产党员良好的官德人品；不论时代怎样变化，始终把为人民服务当做一种政治责任，为群众排忧解难总是充满激情，总是千方百计，总是不遗余力，把"什么样的人最可爱，把别人装在心中的人最可爱"作为自己的座右铭，展示了一名共产党人具有的崇高时代责任感的大情大爱；不论时代怎样变化，始终带头践行党的创新理论，保持奋发有为的创新精神，不断提高领导部队的思维层次和"四个本领"，完成了人生的一次次精彩跨越。

一个智慧的民族，总是善于从其优秀分子身上汲取力量，获得启示。

丁晓兵就是这样一个值得学习的优秀分子，具有鲜明的导向性、时代性和示范性。他用二十多年的经历，回答了在思想观念、价值取向、人生追求日益多元化的今天，党员干部应该确定什么样的世界观、价值观和人生观，回答了在面对生与死、权与利、进与退、得与失、荣与辱、苦与乐、情与爱等一系列重大现实问题上，如何始终保持共产党人的先进本色。他用自己的实践，告诉我们如何用党的创新理论破解立身、做人、为官、谋事等一道道人生方程式。丁晓兵的每一次选择、每一回付出、每一个决策，无不产生着强烈的震撼力、渗透力和感染力。

对于丁晓兵来说，"保持荣誉最好的方法是不断创造新的荣誉"。每天都是新的，每天都是一个起点。

对我们来说，"国家有优良的公民，那么这个国家就一定会强盛起来"。我们应该努力成为优良的一分子。

文章终要落幕，文字的结束，并不是丁晓兵事迹的结尾，他的故事，还在精彩演绎中……

/100位

新中国成立以来感动中国人物 /

丁晓兵　马万水　马永顺　马恒昌　马海德　中国女排五连冠群体

孔祥瑞　孔繁森　文花枝　方永刚　方红霄　毛岸英

王　杰　王　选　王　瑛　王乐义　王有德　王启民

王进喜　王顺友　邓平寿　邓建军　邓稼先　丛　飞

包起帆　史光柱　史来贺　叶　欣　甘远志　申纪兰

白芳礼　任长霞　刘文学　刘英俊　华罗庚　向秀丽

廷·巴特尔　许振超　达吾提·阿西木　邢燕子　吴大观

吴仁宝　吴天祥　吴金印　吴登云　宋鱼水　张　华

张云泉　张秉贵　张海迪　时传祥　李四光　李春燕

李桂林和陆建芬夫妇　李素芝　李梦桃　李登海　杨利伟

杨怀远　杨根思　苏　宁　谷文昌　邰丽华　邱少云

邱光华　邱娥国　陈景润　麦贤得　孟　泰　孟二冬

林　浩　林巧稚　林秀贞　欧阳海　罗映珍　罗健夫

罗盛教　草原英雄小姐妹　赵梦桃　钟南山　唐山十三农民

容国团　徐　虎　秦文贵　袁隆平　钱学森　常香玉

黄继光　彭加木　焦裕禄　蒋筑英　谢延信　韩素云

窦铁成　赖　宁　雷　锋　谭　彦　谭千秋　谭竹青

樊锦诗

图书在版编目（CIP）数据

丁晓兵 / 文炜著. -- 长春：吉林文史出版社，
2012.6（2022.4重印）
（100位新中国成立以来感动中国人物）
ISBN 978-7-5472-1091-8

I．①丁… II．①文… III．①丁晓兵－生平事
迹－青年读物②丁晓兵－生平事迹－少年读物
IV．①K825.2-49

中国版本图书馆CIP数据核字(2012)第136133号

丁晓兵

DINGXIAOBING

著/ 文炜

选题策划/ 王尔立　责任编辑/ 王尔立 李洁华 马华 任玉茗
装帧设计/ 韩璘
出版发行/ 吉林文史出版社
地址/ 长春市福祉大路5788号　邮编/ 130118
电话/ 0431-81629363　传真/ 0431-86037589
印刷/ 天津海德伟业印务有限公司
版次/ 2012年8月第1版 2022年4月第4次印刷
开本/ 640mm×920mm　1/16
印张/ 9　字数/ 100千
书号/ ISBN 978-7-5472-1091-8
定价/ 29.80元